D1718872

SCHWÄBISCHE FORSCHUNGSGEMEINSCHAFT
BEI DER KOMMISSION FÜR BAYERISCHE LANDESGESCHICHTE
REIHE 4 BAND 27

STUDIEN ZUR FUGGERGESCHICHTE BAND 36
HERAUSGEGEBEN VON
JOHANNES BURKHARDT

Anton Fugger

(1493–1560)

Vorträge und Dokumentation
zum fünfhundertjährigen Jubiläum

Herausgegeben von Johannes Burkhardt

1994
Anton H. Konrad Verlag

Die Autoren

Albert Graf Fugger von Glött, Vorsitzender des Fürstlich und Gräflich
Fuggerschen Familienseniorates

Johannes Burkhardt, Prof. Dr., Lehrstuhl für Geschichte der Frühen Neuzeit, Universität Augsburg. Wissenschaftlicher Leiter des Fuggerarchivs

Franz Karg, M. A., Archivar, Fuggerarchiv Dillingen

Björn R. Kommer, Dr., Direktor der Städtischen Kunstsammlungen
Augsburg

Dana Koutná, Dr., Historikerin, Dillingen

Konrad Küster, Dr., Privatdozent, Musikwissenschaftliches Institut der
Universität Freiburg i. Br.

Horst Leuchtmann, Prof. Dr., Bayerische Akademie der Wissenschaften
München

Umschlag Porträts von Anton Fugger
Vorderseite: Ölgemälde nach Tizian, Zeichnung von Hans Holbein d. Ä.,
Porträt von Hans Maler.
Rückseite: Stifterfenster in Antwerpen (Ausschnitt),
Kupferstich aus: Imagines Fuggerorum et Fuggerarum,
Zeichnung von Albrecht Dürer (?)

Vignetten auf dem Schmutztitel
Instrumentalisten und Chorsänger aus Hans Mielichs
Prachthandschrift der Bußpsalmen des Orlando di Lasso.
Bayerische Staatsbibliothek, Mus.Ms. A

Frontispiz Abbildung 1
»Anthoni Fuckher«. Zeichnung von Hans Holbein d. Ä., Augsburg um 1510.
Staatliche Museen zu Berlin Preußischer Kulturbesitz, Kupferstichkabinett

Die Deutsche Bibliothek – CIP-Einheitsaufnahme

Anton Fugger : (1493–1560) ; Vorträge und Dokumentation zum
fünfhundertjährigen Jubiläum / hrsg. von Johannes Burkhardt.
– Weissenhorn : Konrad, 1994
   (Schwäbische Forschungsgemeinschaft bei der Kommission für
   Bayerische Landesgeschichte : Reihe 4 ; Bd. 27) (Studien zur
   Fuggergeschichte ; Bd. 36)
   ISBN 3-87437-363-0
NE: Burkhardt, Johannes [Hrsg.]; Schwäbische Forschungsgemeinschaft:
   Schwäbische Forschungsgemeinschaft bei der Kommission für
   Bayerische Landesgeschichte / 04; 2. GT

© 1994   Anton H. Konrad Verlag   89264 Weißenhorn (Bayern)
Herstellung   Memminger Zeitung Verlagsdruckerei GmbH
ISBN   3-87437-363-0

Inhalt

ERLÄUTERUNGEN ZU DEN ABBILDUNGEN Seite 59–62,
von Horst Leuchtmann

*Höfische Musik im 16. Jahrhundert: Miniaturen von Hans Mielich aus dem
Bußpsalmen-Kodex des Orlando di Lasso (Bayerische Staatsbibliothek, Mus. Ms. A):*

13   *Auf die von Orlando vertonten Worte aus dem 2. Bußpsalm (Psalm 32) Vers 5
     »Impietatem peccati mei« (du hast mir die Schuld vergeben) malt Mielich
     (Seite 63) die Szene von der Rückkehr des verlorenen Sohnes. Die Musiker spielen,
     die Gäste sind eingeladen, in Küche und Keller werden alle Vorbereitungen für
     ein Festmahl getroffen*
14   *Das Lob Gottes aus dem Munde Jesajas, Davids vor Saul, der Sänger und
     Instrumentalisten beim Gottesdienst, der Kinder zur Begrüßung Christi beim
     Einzug in Jerusalem ist hier das Gleichnis für Vers 17 des 4. Bußpsalms (Band I,
     204): »Herr, öffne mir die Lippen, und mein Mund wird Deinen Ruhm
     verkünden.«*
15   *Sänger, Chorknaben und Instrumentalisten der bayerischen Hofkapelle
     musizieren im St.-Georgs-Saal der Münchner Neuveste vor dem Hofstaat.
     Darstellungen dieser Art sind nicht immer getreue Abbildungen aktuellen
     Musizierens, sondern bezeugen die Reichhaltigkeit eines Ensembles
     (Mus. Ms. A, Band II, 187)*
16   *Hans Jakob Fugger. Altkolorierter Kupferstich aus: Fuggerorum et Fuggerarum
     Imagines, von Dominikus Custos. Augsburg 1618. Fuggermuseum Babenhausen*

Einleitung des Herausgebers

Dieser Band der Fugger-Studien verdankt seine Entstehung dem Gedenken an den 500. Geburtstag von Anton Fugger, der am 10. Juni 1493 geboren wurde. Das ist in einer Publikationsreihe, die unter den bisherigen Herausgebern – Max Jansen, Jakob Strieder, Götz Freiherr von Pölnitz und Hermann Kellenbenz – ein hohes Ansehen durch strenge Forschung erlangt hat, ein ungewöhnlicher Anlaß. Im Laufe des Jubiläumsjahres haben die vielfältigen Aktivitäten des Hauses Fugger, der Stadt Augsburg und der Universität Augsburg jedoch gezeigt, daß aus zwei Gründen ein solcher Band sehr erwünscht kommen muß: wegen des Forschungsertrags und als Quellendokumentation.

I. Was zunächst den Forschungsertrag angeht, so sind aus dem aktuellen Anlaß heraus von einer Reihe von Historikern, Kunsthistorikern und Musikwissenschaftlern Vorträge gehalten worden, die auch über den Tag hinaus gelten sollen. Das betrifft die beiden wissenschaftlichen Vorträge zur Ausstellungseröffnung im Augsburger Rathaus, die begleitende Vortragsreihe zur Ausstellung »Die Fugger und die Musik«, aus der vier Vorträge publiziert werden können, und das ist auch im Jubiläumsvortrag des Herausgebers intendiert. Mit unterschiedlichen Akzenten wird in diesen Beiträgen insgesamt zu neuen Fragen recherchiert, wird neuere Fuggerforschung bilanziert und auch einiges an programmatischen Impulsen für künftige Forschung gegeben. Die Druckeinrichtung nimmt ohne größere Eingriffe nur die rein mündliche Sprechsituation etwas zurück und dokumentiert den benutzten wissenschaftlichen Apparat.

Aufgrund der Akzentsetzungen und Diskussionen des Jubiläumsjahrs entstehen auch thematische Schwerpunkte, Verbindungen und Zusammenhänge. Der Eröffnungsvortrag des *Herausgebers* begründet unter den Gegenbegriffen »Handelsgeist und Kunstinteresse« ein besonderes Anliegen des Fuggerjahres, das einmal stärker auf die kulturelle Seite der Fuggergeschichte abheben sollte. Dazu belegt der Beitrag, daß diese Seite bereits im Selbstverständnis des Hauses Fugger im 16. Jahrhundert eine

Schlüsselrolle gespielt hat. Die Forschung sollte darum nicht nur Kunst und Kultur der Handelsgeschichte äußerlich gegenüberstellen, sondern beide Seiten aus einer dritten gesamtkulturellen Perspektive würdigen. Der Beitrag schlägt dazu einige Wege vor. Von der Fuggergeschichte zu Anton Fugger: *Björn Kommer* rückt die Person in ihrem reichsstädtischen Lebensrahmen in den Blick. Die Fuggerhäuser am Weinmarkt repräsentieren als Wohnanlage und Kaiserpalast gleichermaßen Firmenbedeutung, Reichspolitik und Bildungshintergrund. Dieser Gang durch Augsburg mit seinen anschaulichen historischen Szenen leitet direkt zur Ausstellung über.

Die bildende Kunst stand vorweg, aber zwei Hauptbeiträge widmen sich nun ausschließlich der Musik. Orlando di Lasso hat den Münchner Hof zu einem musikalischen Zentrum Europas erhoben, aber die Weichen dafür haben die Fugger gestellt, die mit ihrem europäischen Beziehungsnetz und musikalischem Engagement in der zweiten Hälfte des 16. Jahrhunderts Musikgeschichte entscheidend mitgeschrieben haben. Der Biograph Lassos, *Horst Leuchtmann*, würdigt die Rolle Hans Jakob Fuggers bei der Gewinnung des großen Komponisten für München und legt dann eine anschauliche archivalische Studie zur sozialen Stellung der Renaissance-Musiker am bayerischen Hof vor. Die in der Ständeordnung eigentlich weit unten rangierenden Instrumentalisten und Sänger genossen durch die Nähe und Wertschätzung des Fürsten doch eine Sonderstellung, die sich auch in der Bezahlung niederschlug. Wenn auch der Ausnahmerang von Komponisten in der Musikgeschichte damals nicht voll erkannt werden konnte, erhielt doch Hofkapellmeister Lasso vergleichsweise etwa das stattliche Salär eines heutigen Opernintendanten, ja im Vergleich mit der fürstlichen Kulturpolitik des 16. Jahrhunderts erscheinen Leuchtmann heutige staatliche Kulturetats am Beispiel der Musik als klarer Rückschritt. Dieser Blick nach München führt ein wenig ab von Anton Fugger, aber in der musikmäzenatischen Tradition der Fugger rechnen es sich auch die Fugger-Studien zur Ehre an, einer analytisch so interessanten und ergiebigen musikhistorischen Studie Raum zu geben. Spezielle Fuggerbeziehungen in der europäischen Musik spürt *Konrad Küster* in einem methodisch sehr reflektierten und mehrschichtig Ergebnisse bringenden Forschungsbeitrag besonders anhand von Widmungen auf Notendrucken auf. Die Beziehung der Fugger zur venezianischen Musik am Ende des 16. Jahrhunderts wird greifbar durch die italienischen Musiker der Münchner Schule um Lasso und Gabrieli, der auch die Fuggerorganisten und Komponisten Hans Leo Haßler und Gregor Aichinger entstammten und über venezianische Notendrucke, auf denen seit den 1580er Jahren Widmungen an das ferne fuggerische Mäzenatentum appellierten. Die kurze aber bedeutsame Episode zeigt, daß Fugger-Musik nicht einfach ein Annex von Handelsbeziehungen der Firma war, sondern ganz eigene Wege gehen konnte.

Ein attraktives Forschungsfeld, auf dem die Musik auch nicht fehlte, bietet ein weiteres Engagement, in dem sich die Familie Fugger im 16. Jahrhundert hervortat: Feste feiern, wie nie zuvor. Das behauptet jedenfalls das im Titel variierte Quellenzitat des Beitrags von *Dana Koutná*, der sich der Festkultur der Fuggerzeit anhand von Fuggerquellen annimmt. Der Beitrag geht auf das Hochzeitszeremoniell und die Begräbnisfeiern näher ein, behandelt aber auch Lustbarkeiten wie Fastnacht, Schlittenfahrt, Schützenfest, Turnier und Theater. Koutná analysiert die sozialen Auswirkungen und die Bedeutung von Musik, Kleidung und Speisen für die Gesamtinszenierung und charakterisiert die vor allem in der zweiten Hälfte des 16. Jahrhunderts vorzügliche Überlieferung von Fuggerfesten. Denn was bliebe von achtungsgebietendem Festaufwand, wenn nichts darüber geschrieben würde? Nachdem die bisherigen Beiträge neben Anton Fugger auch andere Familienmitglieder – und vielfach einmal die weniger allgemein bekannten der zweiten Jahrhunderthälfte – und deren Umwelt einbezogen haben, wendet sich *Franz Karg* ganz dem Jubilar selbst zu und gibt auf neuestem Forschungsstand biographisch Auskunft, die in eine übersichtliche Sachordnung gebracht ist. Wer sich über die kaufmännischen Geschäftsbereiche, die gleichrangig behandelten Schloßbauten und die Stiftungen Anton Fuggers prägnant informieren will, bekommt hier eine wertvolle Handreichung und eine Würdigung der Person, die besonders die von Anton Fugger bewerkstelligte Weichenstellung des Geschlechts zu seiner adelig-herrschaftlichen Zukunft hervorhebt.

Der wiederum vom *Herausgeber* gehaltene Jubiläumsvortrag ist in seinen substantiellen Teilen ebenfalls allein Anton Fugger gewidmet. Dieser abschließende Beitrag unternimmt es nun, die besonderen Konsolidierungs- und Verstetigungsleistungen Anton Fuggers herauszuarbeiten, die aus dem schnellen Reichtum eine lange Erfolgsgeschichte gemacht haben. Fünf Punkte sind hier zu sehen: eine Institutionalisierung der Finanzpolitik durch eine Art Kaiserfaktor-Stellung, die Gewinnung geschäftlicher Stetigkeit durch den Ausbau der Firmenorganisation, die Familienidee und ihre bleibende reichsstädtische Bindung, die Begründung einer adligen Herrschaftstradition und schließlich die bewußte Traditionssicherung und Pflege des geschichtlichen Nachruhms. Das ist eine Zusammenstellung unter einheitlicher Perspektive, aber gerade aus ihr entstehen – etwa zur Kaiserfaktor-These oder zur Traditionspflege – auch neue Fragen und künftige Forschungsaufgaben.

II. Soviel vom Ertrag für die Forschung – wieso und wozu aber eine Quellendokumentation? Jubiläumsfeiern sind selbst historische Ereignisse und jede Dokumentation dazu hat einen eigenen historischen Quellenwert. Das gilt auch für wissenschaftliche Vorträge, die der Nachwelt viel über die Sehweisen und das Spektrum der Interessen und Meinungen einer Zeit verraten. Der letzte Beitrag spielt aus der Situation des Festredners heraus selbst auf diese Gegebenheit an und stellt sich schon ein wenig in die Jubiläumsgeschichte. Vor allem aber werden in einem Anhang auch die umfangreichen Gesamtaktivitäten im Jubiläumsjahr 1993 dokumentiert. Denn es sind Gedenkveranstaltungen gehalten und Ausstellungen eröffnet worden, es ist historische Musik der Fugger-Zeit gespielt worden und all das bot auch Anlaß für Grußworte und Ansprachen. Das Jubiläum genoß zudem bemerkenswerte Publizität; über seinen Anlaß und seine Begehung hat die regionale und überregionale Presse ausführlich berichtet, und auch Funk und Fernsehen haben reagiert. Es wäre nicht möglich oder sinnvoll, dies alles im Wortlaut zu bringen. Franz Karg hat als Archivar des Fugger-Archivs jedoch eine Dokumentation zusammengestellt, die von Einladungsprogrammen bis zur Bibliographie des Presseechos reicht und so einen Eindruck von diesem Jubiläum und seinen Themen gibt. Die gedruckten Beiträge werden damit jedem Interessenten leicht zugänglich; um die Sicherung ungedruckter Quellen bemüht sich das Fugger-Archiv. So wird der zweite wissenschaftliche Zweck, die Quellenerschließung zu einem Jubiläum, in einer Kombination von Textsammlung und Repertorium erfüllt.

Eine der im Dokumentationsteil verzeichneten Festansprachen aber sollte doch auch im Wortlaut nachlesbar sein. Eine Sonderstellung als Festredner kommt dem Senior des Hauses Fugger, S. E. Albert Graf Fugger von Glött zu, der das fünf Jahrhunderte zurückliegende Geschichtsdatum als Familienereignis gleichsam im Kreise geladener Geburtstagsgäste feiern konnte. Dieser Redner, der im Namen der im Seniorat vereinten Nachkommen Anton Fuggers und dessen Bruders Raymund sprach, eröffnet würdig den ganzen Band. Die Entscheidung des Hauses Fugger für ein solches publizistisches Engagement hat die Drucklegung dieses Bandes ermöglicht. Der Schwäbischen Forschungsgemeinschaft ist für die Aufnahme in ihre Reihe und einen namhaften Zuschuß zu danken. Als Archivar des Fugger-Archivs hat sich Herr Karg durch organisatorischen Einsatz besondere Verdienste um diesen Band erworben.

Augsburg, im September 1994   Johannes Burkhardt

3a, 3b
Anton Fugger. Medaille von Friedrich Hagenauer, Augsburg 1527.
Städtische Kunstsammlungen Augsburg
4a, 4b
Raymund Fugger. Medaille von Matthes Gebel, Augsburg 1529/30.
Städtische Kunstsammlungen Augsburg

Vorhergehende Seite:
2
Anton Fugger. Ölgemälde. Kopie nach Tizian, Augsburg um 1600.
Privatbesitz

Zum 500. Geburtstag von Anton Fugger[*]

Albert Graf Fugger von Glött

Am 10. Juni 1993 jährt sich zum 500. Mal der Geburtstag Anton Fuggers. Von seinen Zeitgenossen als »Fürst aller Kaufleute« gepriesen, führte er die Fuggersche Handelsgesellschaft von 1526–1560 als alleiniger »Regierer und Schaffierer« zum zweiten Höhepunkt nach Jakob Fugger und zu ihrer größten Ausdehnung. Am Vortag des Geburtstages von Anton Fugger haben wir uns hier versammelt, um dieses Mannes zu gedenken.

Ihnen allen gilt mein herzlicher Gruß. Wir freuen uns, daß Sie so zahlreich unserer Einladung gefolgt sind. Dadurch bekunden Sie Ihre Verbundenheit mit dem Lebenswerk dieses »Civis Augustae«, mit der Geschichte dieser einmaligen Stadt und des schwäbischen Stammes.

Es sei mir gestattet, einige der verehrten Gäste namentlich zu begrüßen:

Mein erster Gruß gilt Seiner Königlichen Hoheit dem Prinzen Franz von Bayern. Herzlich willkommen! Daß Euer Königliche Hoheit an unserer Feier teilnehmen, ist für uns eine große Freude und Ehre.

Mein weiterer Gruß gilt dem politischen Repräsentanten Schwabens, Herrn Bezirkstagspräsident Dr. Georg Simnacher, der mit seinem Werk über die Fuggertestamente einen wesentlichen Beitrag zur Fuggerforschung geleistet hat.

Zeit seines Lebens fühlte sich Anton Fugger als freier Bürger Augsburgs. Herr Bürgermeister Dr. Ludwig Kotter, Sie sind heute als Repräsentant dieser stolzen Stadt und ihres Rates hier unser Gast. Ihnen gilt unser freundschaftlicher Gruß, verbunden mit herzlichem Dank für Ihren Einsatz zum Gelingen der Ausstellung »Die Fugger und die Musik«.

Herr Regierungspräsident Ludwig Schmid! Darf ich Sie herzlich willkommen heißen. Wir freuen uns, daß eine Ihrer ersten Amtshandlungen Sie in die Fuggerei führt.

[*] Rede anläßlich der Feierstunde zum 500. Geburtstag von Anton Fugger in der Leonhardskapelle der Fuggerei am 9. Mai 1993.

Seine Magnifizenz, der Rektor der Universität Augsburg, Herr Prof. Dr. Reinhard Blum, sei herzlich begrüßt. Mit der Universität sind wir engstens verbunden. Wurde sie doch in diesem Raum begründet. Herr Rektor Blum, wir danken Ihnen, daß die Universität im Juli Anton Fugger mit einem wissenschaftlichen Symposium ehrt.

Begrüßen möchte ich ferner Herrn Geistl. Rat Stadtpfarrer Stöckle von St. Max sowie Msgr. Schnell, dem wir herzlich für die feierliche Gestaltung des Gottesdienstes und die eindrucksvolle Predigt danken. In diesem Zusammenhang danke ich besonders den Augsburger Domsingknaben unter ihrem Dirigenten Herrn Reinhard Kammler. Sie haben mit ihren glockenhellen Stimmen unsere St. Markuskirche zum Strahlen gebracht. Wir erlebten Musik als Gottes Kraft.

Ein weiterer, herzlicher Gruß gilt Herrn Pfarrer Schlichting, Stadtpfarrer der evangelischen Kirchengemeinde von St. Jakob. Freundschaftliche Zusammenarbeit verbindet uns. Gerne erinnern wir uns an die Zeit, als wir Ihnen und Ihrer Gemeinde in St. Markus Gastfreundschaft gewähren durften während der Restaurierung Ihrer Kirche. Die schöne Linde in den Anlagen der Fuggerei, von Ihnen gestiftet, erinnert uns daran.

Ein herzliches Willkommen gilt Ihnen, Herr Dekan Dr. Freudenberger, Stadtpfarrer von St. Anna. Langjährige, freundschaftliche Zusammenarbeit im Geiste der gelebten Ökumene verbindet uns.

Ferner begrüße ich Herrn Prof. Dr. Johannes Burkhardt. Als Leiter des Fugger-Archivs und der Fuggerforschung haben Sie in dankenswerter Weise den Festvortrag über Anton Fugger übernommen.

*

Gestatten Sie mir, als Nachfahre Anton Fuggers, einige kurze Bemerkungen zum Leben dieses großen Ahnherrn zu machen:

Anton Fugger wurde in einer Zeit der Wende geboren. Er steht zwischen Mittelalter und Neuzeit.

Am 13. 11. 1486, sieben Jahre vor Anton Fugger, wurde Johannes Maier, genannt Dr. Johannes Eck, in Egg a. d. Günz geboren. Dieser kämpferische Theologe, der den Disput leidenschaftlich liebte, steht für die alte Kirche, zu der Anton Fugger unbeirrt hielt. Johannes Eck war zeitweilig Prediger bei St. Moritz. Streitigkeiten mit Ecks Nachfolger brachten Anton in die Gegnerschaft zur Stadt Augsburg, ja sogar eine Nacht ins Gefängnis. Das Zerwürfnis war nicht anhaltend. 1547 erreichte Anton Fugger mit dem berühmten Fußfall »Milde und Schonung der Reichsstadt« von Karl V.

1486, ebenfalls sieben Jahre vor der Geburt Anton Fuggers, wurde Maximilian I. zum deutschen König gewählt. Durch die enge Verbindung

Jakob Fuggers mit diesem Habsburger begann das »Zeitalter der Fugger«. Es währte nahezu 70 Jahre, angefangen von den frühen Silbergeschäften Jakobs in Tirol bis zum Tode Anton Fuggers.

Im Jahre 1500 – also sieben Jahre nach der Geburt Anton Fuggers – ist in Gent der spätere Kaiser Karl V. geboren. Das Schicksal verknüpfte Karl V. und Anton Fugger fast untrennbar miteinander. Das Fuggerische Handelshaus wurde zum wichtigsten Finanzier der politischen und militärischen Unternehmungen des Kaisers. Wollte Anton Fugger nicht Gefahr laufen, von diesem mächtigen Schuldner erdrückt zu werden, so mußte er alles daran setzen, seinen Handlungsspielraum zu bewahren, was ihm leider nicht immer geglückt ist.

1492 – ein Jahr vor der Geburt Anton Fuggers – fertigte in Nürnberg der gelehrte Astronom und Geograph Martin Behaim seinen Globus, mit dem er als erster die Kugelgestalt der Erde nachwies und damit die Voraussetzungen zur ersten Westindienfahrt des Kolumbus im Jahr 1492 schuf. 1493 brach dieser zu seiner zweiten Amerikareise auf. Damit tritt die neue Welt in den Gesichtskreis des alten Europa ein mit allen Chancen und Risiken. Langsam beginnen sich die Gewichte vom Mittelmeer zum Atlantik zu verlagern. Dies erkannte Anton Fugger, als er im Jahre 1531 mit der spanischen Krone einen Vertrag über die Kolonisation der Westküste Südamerikas vom südlichen Peru über Chile bis Feuerland abschloß. Ein bestechendes, aber risikoreiches Projekt, das nie zur Ausführung kam. Seine Vorsicht und Weitsicht waren allzu begründet. Nur wenige Jahre später wurden alle Nichtspanier aus dem Einflußbereich der spanischen Krone Amerikas verdrängt.

1493 starb Kaiser Friedrich III. Er hatte 1473, also zwanzig Jahre vor der Geburt Antons, Ulrich Fugger und dessen Brüdern das Lilienwappen verliehen.

1493 ist weiterhin das Geburtsjahr von Paracelsus, des Vaters der modernen Heilkunde. Er revolutionierte die Methoden der Chirurgie und führte das Quecksilber als Heilmittel in die Medizin ein. Dieses wurde auch im »Holzhaus«, einer medizinischen Einrichtung in der Fuggerei, eingesetzt. Daneben hatte Anton Fugger ebenfalls in der Fuggerei das »Schneidhaus«, eine der frühesten chirurgischen Kliniken Deutschlands, errichtet. Hier wurden Brüche, Steinleiden und Karfunkel aus Stiftungsmitteln geheilt.

Sein Onkel Jakob begründete 1521 die Fuggerei, der weitere Stiftungen folgten. Zeit seines Lebens fühlte sich Anton Fugger diesem großen Sozialwerk seiner Familie verpflichtet. 1548 organisierte er die Stiftungsverwaltung neu und legte damit die Grundlage für die noch heute gültige

Verwaltungsordnung. Im gleichen Jahr errichtete er das Spital in Walten-hausen für Untertanen der fuggerschen Herrschaften.

Während seiner Ausbildungszeit in Rom lernte Anton Fugger »den König der Wissenschaft« Erasmus von Rotterdam kennen, der mehr als zwanzig Jahre älter als Anton war. Über 25 Jahre stand er mit ihm in regem Briefverkehr und wollte ihn sogar dazu bewegen, ganz in Augsburg Woh-nung zu nehmen, leider jedoch ohne Erfolg. Augsburg wäre damals nicht nur die goldene Stadt des Handels und der Kunst, sondern auch die goldene Stadt des Geistes geworden.

Zwischen 1488 und 1490, also nur wenige Jahre vor Anton Fugger, wurde Tizian geboren, der als bedeutendster Maler der Renaissance die gesamte Kunst des 16. und 17. Jahrhunderts beeinflußte. Mehrmals weilte er im Fuggerhaus in Augsburg als Gast Anton Fuggers, um Karl V. aus Anlaß der Reichstage zu malen.

*

Meine Damen und Herren, mit diesen Beispielen habe ich versucht, Ihnen die Umgebung darzustellen, in die Anton Fugger 1493 geboren wurde.

Sie werden in meinen bisherigen Ausführungen einen Bezug Anton Fug-gers zur Musik vermißt haben. Ob Anton Fugger selbst musiziert oder Musikinstrumente besessen hat wie sein Bruder Raymund, wissen wir nicht. Bekannt ist nur, daß er für die Erziehung seiner Kinder und Enkel großen Wert auf die »Musica« legte. Darunter verstand er den gesamten musischen Bereich, der Singen, Tanzen und Fechten umfaßte. Hier kün-digt sich bereits der langsame soziale Wandel von der bürgerlichen Kauf-mannschaft zum aristokratisch-mäzenatischen Landleben an. Dies soll unter anderem mit der Ausstellung »Die Fugger und die Musik« darge-stellt werden.

Das 1548 durch Anton Fugger errichtete Familien-Fideikommiß ver-hinderte über Jahrhunderte die Zersplitterung und den Verkauf des fugger-schen Besitzes. Auch nach Auflösung der Fideikommisse 1919 fühlt sich die Familie an die Grundsätze desselben gebunden.

In Kirchheim wird ein Tintenfaß, eine Kleinbronze, aus dem Besitz Anton Fuggers aufbewahrt. Dargestellt ist ein Atlant, der die Weltkugel trägt. Gebückt, aber kraftvoll, stützt er dieselbe. Zu Recht fragt man sich, ob diese Figur symbolhaft für das Leben Anton Fuggers gilt. Ich glaube – ja!

Es galt, die Gesellschaft, deren alleinige Leitung er 1526, mit 32 Jahren, übernommen hatte, umsichtig und kraftvoll durch die turbulenten Jahr-zehnte der ersten Hälfte des 16. Jahrhunderts zu führen. Nicht mehr loh-nende Engagements wie z.B. der ungarische Handel, die römische Filiale oder der Barchenthandel mußten aufgegeben und neue Märkte, wie die Ausbeutung der spanischen Quecksilbervorkommen erschlossen werden. Das erforderte Weitsicht und Mut. Die Geschäftsinventuren geben hiervon ein anschauliches Bild. Als die Verbindlichkeiten der Krone immer mehr anstiegen und eine Begleichung nicht in Sicht war, fühlte sich Anton gegen Ende seines Lebens durch pessimistische Stimmungen veranlaßt, seinen Erben die Liquidation der Firma zu empfehlen. Das Unternehmen war durch seine Ausdehnung und weite Verzweigung immer unübersichtlicher geworden. Eine straffe Führung – wenn überhaupt – war nur unter größten Schwierigkeiten möglich.

In einem Exemplar des Fuggerschen Bildniswerkes aus dem 17. Jahrhundert wird Anton Fugger als »ein gewaltiger, feiner, bürgerlicher und fürtrefflicher Herr sowohl in Erfahrung vieler freien Künste, Sprachen und Nationen« gerühmt. In diesem Sinne begehen wir seinen 500. Geburtstag. Ich danke Ihnen.

5
*Die Muse Urania. Kupferstich von Wolfgang Kilian
aus der Folge »Chorus Musarum«, Augsburg 1612,
nach einer Zeichnung von Lukas Kilian.
Staats- und Stadtbibliothek Augsburg*

Handelsgeist und Kunstinteresse in der Fuggergeschichte[*]

Von Johannes Burkhardt

Im öffentlichen Bewußtsein unseres Jahrhunderts wie in der seit dem ausgehenden 19. Jahrhundert intensiv betriebenen Fugger-Forschung liegt die historische Bedeutung der Fugger in der Wirtschaftsgeschichte. Richard Ehrenberg ernannte 1896 das 16. Jahrhundert zum »Zeitalter der Fugger« und untersuchte Geldkapital und Kreditverkehr, Weltbörsen und Finanzkrisen, und Max Jansen wie Jakob Strieder interpretierten die Fuggergeschichte unter dem Vorzeichen der Entstehung eines Frühkapitalismus.[1] Das sind bis heute eindrucksvolle Untersuchungen an den Quellen, wenngleich der ökonomistische Blick doch auch zu Einseitigkeiten und Modernismen führt, in denen man eher die Großkapitalisten, Industriekapitäne und »Wirtschaftsführer« der verspäteten deutschen Industrialisierung und der Zwischenkriegszeit wiederzuerkennen glaubt als die Menschen des 16. Jahrhunderts. Die Forschung sieht das längst differenzierter, aber das Geschichtsbild blieb und wurde popularisiert: »Vom Webstuhl zur Weltmacht«, so die Fernsehserie, denn Geld regiert die Welt, »Großes Geld« oder »Vom Klosterschüler zum Millionär«. Und wenn jemand die Frage »Ist Reichtum unanständig?« bedenkt, fällt dem Autor prompt Jakob Fugger ein.[2] Günter Ogger verlagerte – journalistisch brillant, aber

---

[*] Vortrag zur Eröffnung der Fotodokumentation des Stadtarchivs Augsburg »Die Fugger in Augsburg und Schwaben« am 3. Mai 1993.

[1] Richard Ehrenberg, Das Zeitalter der Fugger. Geldkapital und Creditverkehr im 16. Jahrhundert, 2 Bde., Jena 1896, Ndr. Hildesheim 1963.
Max Jansen, Jakob Fugger der Reiche. Studien und Quellen, München 1910 (Studien zur Fugger-Geschichte 3). Jakob Strieder, Zur Genesis des modernen Kapitalismus. Forschungen zur Entstehung der großen bürgerlichen Kapitalvermögen am Ausgange des Mittelalters und zu Beginn der Neuzeit, Augsburg 1903, 2. Aufl. München 1935. Jakob Strieder, Jakob Fugger der Reiche, Leipzig 1926. Das reiche Augsburg. Ausgewählte Aufsätze Jakob Strieders zur Augsburger und süddeutschen Wirtschaftsgeschichte des 15. und 16. Jahrhunderts, hg. von Heinz Friedrich Deininger, München 1938. Clemens Bauer, Unternehmung und Unternehmungsform im Spätmittelalter und in der beginnenden Neuzeit, Jena 1936, Ndr. Aalen 1982.

[2] Frederik Hetman, Großes Geld. Jakob Fugger und seine Zeit, Würzburg 1986. C. C. Bergius, Ist Reichtum unanständig? (Liechtensteinische Landesbank, Schriften 2).

historisch falsch – die Konkurrenzgesellschaft der Marktwirtschaft in die Reichsstadt des 16. Jahrhunderts, ließ die »Schornsteine rauchen«, daß man meint, in Essen zu Krupps besten Zeiten zu sein und setzte gar den Titel »Kauf dir einen Kaiser« zur Stamokap-These in Beziehung, die These vom Staat als Erfüllungsgehilfen der Wirtschaft im »monopolistischen Spätkapitalismus« aus der Zeit der Studentenbewegung, die man den Studenten heute erst erklären muß.[3] So schnell veraltet die Modernisierung der Geschichte.

Das Jubiläumsjahr 1993 wird uns voraussichtlich viel Weltwirtschaft bringen, der von Anton Fugger geführte »erste multinationale Konzern der Weltgeschichte« ist schon entdeckt,[4] in der Internationalität des Zahlungs- und Kreditverkehrs ließe sich die Terminologie noch etwas auffrischen – und wo bleibt der Dow-Jones-Index und der Dax? Aber ist es zum Beispiel sinnvoll, eine Firma als grenzüberschreitend zu charakterisieren, wenn es nationalstaatliche Grenzen ohnehin noch nicht gab? Natürlich ist es immer nötig, die Geschichte in den Verständnishorizont der eigenen Zeit zu übersetzen, auch in den politischen und wirtschaftlichen – aber doch mit Bedacht.

I

Die wirtschaftsgeschichtlichen Grundlagen der Fuggergeschichte sind oft beschrieben worden und seien auf wenige ökonomische Hauptstationen gebracht.

- Etablierung der Familie aus dem Umland im *Weberhandwerk* Augsburgs (mit frühen Verbindungen zum Goldschmiedehandwerk und zum städtischen Münzwesen) und Aufstieg in der Stadthierarchie.[5]
- Ausweitung auf *Groß- und Fernhandel* an dem oberdeutschen Handelsknotenpunkt zwischen Nord und Süd, Ost und West mit der eingefahrenen Handelsbeziehung zu Venedig.[6]

---

[3] Günter Ogger, Kauf dir einen Kaiser. Die Geschichte der Fugger, TB-Ausgabe München 1978, S. 11.

[4] Martha Schad, Bankier der Kaiser und Könige, in: Geschichte. Das Magazin für Kultur und Geschichte 19 (1993), Nr. 3 Mai/Juni, S. 30–34: S. 30.

[5] Max Jansen, Die Anfänge der Fugger, München 1907 (Studien zur Fugger-Geschichte 1).

[6] Zur Grundlage der Handelsgeographie: Josef Kulischer, Allgemeine Wirtschaftsgeschichte des Mittelalters und der Neuzeit, 2 Bde. 1928, Ndr. Berlin 1954. Speziell: Hermann Kellenbenz, Wirtschaftsleben der Blütezeit, in: Geschichte der Stadt Augsburg, hg. von Gunther Gottlieb u. a., Stuttgart 1984, S. 258–301: S. 265.

[7] Bodo Scheuermann, Die Fugger als Montanindustrielle in Tirol und Kärnten, München 1929 (Studien zur Fugger-Geschichte 8). Eike Eberhard Unger, Die Fugger in Hall, München 1963 (Studien zur Fuggergeschichte 19).

– Ausweitung auf die *Münzmetalle* Gold und Silber und auf *Gebrauchsmetalle*, insbesondere Kupfer, später auch Blei und Quecksilber. Das war ein Geschäft auf Gegenseitigkeit mit dem habsburgischen Landesherrn, bei dem an sich die Bergbau- und Münzrechte lagen, und geschah in Kooperation mit den Bergbauspezialisten Thurzo.[7] Diesen und den folgenden Schritt unternahm vor allem Jakob Fugger.

– Ausweitung auf *Finanzgeschäfte* nach italienischem Vorbild, mit Einlagen im Geschäftskapital, Bankiersdiensten für die Papstfinanz und Kreditbeschaffung für die Politik, wobei sich die Kaiserwahlen und die Kriege als teuerste Einzelposten erwiesen.[8]

– *Geographische Ausweitung* des Geschäftsbereiches unter Anton Fugger, zeitweise mit besonderen Schwerpunkten auf den »Ungarischen Handel« (eigentlich slowakischer Bergbau), dem sich aus der Zusammenarbeit mit den Habsburgern ergebenden »Spanischen Handel« mit der von Hermann Kellenbenz besonders erhellten Maestrazgopacht, der von der Krone auf Zeit vergebenen wirtschaftlichen Verwertung spanischen Ordens»meistertümer« (wie man im Reich sagen würde), während der Überseehandel doch mehr im Planungsstadium blieb und sich in Wahrheit als wenig gewinnträchtig erwies.[9]

– Und schließlich als Vermögenssicherung die *Investition* in den *Boden*, der schrittweise Erwerb von Herrschaften in Oberschwaben selbst, die die Handelsfirma überlebten.[10] Das war sozial eine Aristokratisierung und politisch ein Übergang zur Landesherrschaft, ökonomisch aber lag es im kontinentaleuropäischen Trend der Refeudalisierung.

[8] Aloys Schulte, Die Fugger in Rom 1495–1523 mit Studien zur Geschichte des kirchlichen Finanzwesens jener Zeit, 2 Bde., Leipzig 1904.

[9] Vgl. die Schwerpunkte im Repertorium der Handelsakten FA 2.1.1 ff. und Hermann Kellenbenz, Die Fuggersche Maestrazgopacht (1525–1542). Zur Geschichte der spanischen Ritterorden, Tübingen 1967. Hermann Kellenbenz, Die Fugger in Spanien und Portugal, 2 Bde., München 1990 (Studien zur Fuggergeschichte 18, 32, 33). Vgl. auch Stephanie Haberer, Der Niedergang des »Gemeinen Spanischen Handels« der Fugger im 17. Jahrhundert, Magisterarbeit Augsburg 1994.

[10] Thea Düvel, Die Gütererwerbungen Jakob Fuggers des Reichen (1494–1525) und seine Standeserhöhung. Ein Beitrag zur Wirtschafts- und Rechtsgeschichte, München 1913 (Studien zur Fugger-Geschichte 4). Heinz Deininger, Die Gütererwerbungen unter Anton Fugger (1526–1560), seine Privilegien und Standeserhöhung sowie Fideikommißursprung, Diss. masch. München 1924. Robert Mandrou, Les Fugger, propriétaires fonciers en Souabe 1560–1618, Paris 1969. Deutsch in Vorbereitung (Veröffentlichungen des Max-Planck-Instituts, und zugleich Studien zur Fuggergeschichte 35).

Dieser faktische Prozeß des Aufbaus, der Vermehrung und Sicherung des
Vermögens ist von den Fuggern wohl Schritt für Schritt auch so gewollt
und von vielen Zeitgenossen bemerkt worden. Die Augsburger haben die
neue Familie gleichsam von Anfang an als finanzielles Phänomen wahrge-
nommen: »Fucker advenit«, lautet die berühmte erste Quellenerwäh-
nung. Wo aber wurde diese Ankunft des Hans Fugger gemeldet? Nicht in
einem Kirchenbuch oder in einer Chronik, sondern auf einer Steuerliste.[11]
Das ist bei Neubürgern nicht so verwunderlich, aber die Fugger erscheinen so gleichsam als ein Thema der Wirtschaftsgeschichte von Anfang an.

Im 16. Jahrhundert wurde der Umfang der Handelstätigkeit und der
sagenhafte Reichtum Jakob und Anton Fuggers zum Gegenstand des deutschen und europäischen Erstaunens und positiv oder negativ kommentiert. Wie ein Mann so reich sein könne, daß er Kaiser und Könige aus-
kaufe, wunderte sich ein deutscher Reformator und wetterte gegen die
»verdammte Fuckerei«.[12] Das war 1524 auf dem Höhepunkt des Monopol-
streites der ersten wirtschaftspolitischen – oder korrekter: handelspoliti-
schen – Debatte Deutschlands, in der die Fugger zum Reichsfeind Nr. 1 zu
werden drohten, wenn nicht die – wirtschaftstheoretisch vielleicht etwas
überschätzte, aber politisch versierte – Abwehr Konrad Peutingers, des
eigentlichen Kopfes der heimlichen Hauptstadt des Reiches, die reichs-
stadtfeindliche Kapitalgesetzgebung des Reichstags blockiert hätte.[13]
Aber es fehlt auch nicht an anerkennenden Äußerungen. Um eine noch
weniger abgenutzte aus »Reiseberichte aus Bayerisch-Schwaben« zu
zitieren und die konfessionelle Parität wiederherzustellen, hier das Zeugnis des Jesuitenpaters Graziani, der Augsburg zur schönsten Stadt
Deutschlands erklärte und 1562, unmittelbar nach dem Tod Anton Fuggers urteilte: »Besonders *ein* Geschlecht machte diese seine Vaterstadt
berühmt. Sein Name heißt Fugger: Mit ihrem *Handel* haben sie solche
Reichtümer gesammelt, daß sie auch im Ausland den Namen ihrer Familie durch das Gerücht ihres Reichtums berühmt gemacht haben.«[14]
Der Handelsgeist zeigt sich durchaus auch in Selbstzeugnissen vor
allem Jakob Fuggers, der sich in kaufmännischem Selbstbewußtsein als

---

[11] Eintrag ins Steuerbuch Augsburgs von 1367, Stadtarchiv. Vgl. Jansen, Anfänge (wie Anm.
5), S. 8–10 und Ausstellungsobjekt Nr. 3.

[12] Martin Luther, Von Kauffshandel und Wucher, in: Johannes Burkhardt und Birger P. Prid-
dat (Hg.), Geschichte der Ökonomie. Bibliothek der Geschichte und Politik, hg. von Reinhard Koselleck (im Druck).

[13] Heinrich Lutz, Conrad Peutinger, Augsburg 1958. Fritz Blaich, Die Reichsmonopolgesetz-
gebung im Zeitalter Karls V., Stuttgart 1967.

[14] In: Reiseberichte aus Bayerisch-Schwaben, Bd. 2, hg. von Hildebrand Dussler, Weißenhorn
1974, S. 46.

»Hauptherr dieses meines Handels« bezeichnete, den Handelsgewinn
pries – er wolle gewinnen, dieweil er könne – als die größte Sache und
Gottesgabe für Deutschland und Europa die Bergwerke bezeichnete und
einem Herrscher wie Karl V. vorhielt, daß ohne seinen Kapitaleinsatz die
Kaiserwahl anders ausgegangen wäre. Der fragliche im Fuggerarchiv nur
in Kopie überlieferte Mahnbrief ist, wie sich mittlerweile zeigen läßt, tatsächlich echt.[15] An Herzog Georg von Sachsen schrieb Jakob Fugger einmal: Die Leute »sagen ich sei reich, und bin reich von Gottes Gnaden,
jedermann ohn Schaden«.[16] Von Gottes Gnaden, die alte Bescheidenheits-
formel der Fürsten, die aber auch das Gottesgnadentum des Absolutismus
legitimierte, auf das Kaufmannsvermögen bezogen! Der Nachfolger
Anton Fugger, von anderen als der Fürst der Kaufleute bezeichnet, war in
solchen Äußerungen viel zurückhaltender, aber man muß dabei auch
seine berühmte Devise berücksichtigen: Stillschweigen steht wohl an.
Niemand kann nach Sachlage, Zeugnissen und archivalischem Befund
diesem Geschlecht in seinen Anfängen einen ausgesprochenen Handelsgeist und Erwerbssinn absprechen. Das ist die eine Seite.

II

Auf der anderen Seite kann man aber auch ganz anderes finden. Eine Fugger-Chronik aus dem späten 16. Jahrhundert, die wahrscheinlich auf Clemens Jäger und einen Auftrag Hans Jakob Fuggers zurückgeht, mit 15
Handschriften im Fuggerarchiv jedenfalls familiennah ist, liegt in einer –
allerdings noch unzureichenden älteren – Edition vor.[17] Von den dreiein-
halb Seiten, die *Jakob* Fugger gelten, entfällt nur eine halbe Seite auf den
»Fuggerischen Kaufhandel«. Dabei ist der Verfasser kein kaufmännischer
Ignorant und erfaßt darin schon ganz treffend den Übergang vom Warenhandel zu »Perkwerck und Wexl« unter Jakob Fugger (unsere Stationen 3

---

[15] Zum Echtheitszweifel vgl. Götz Frhr. von Pölnitz, Jakob Fugger. Kaiser, Kirche und Kapital
   in der oberdeutschen Renaissance, Bd. 2, Tübingen 1949, S. 506. Briefformular und Stilver-
   gleiche können, wie ich demnächst zeigen werde, Zweifel ausräumen.
[16] Jakob Fugger an Herzog Georg von Sachsen, 5. Juli 1519, ediert bei: Götz Frhr. von Pölnitz,
   Jakob Fuggers Zeitungen und Briefe an die Fürsten des Hauses Wettin in der Frühzeit Karls
   V. 1519–1525, in: Nachrichten von der Akademie der Wissenschaft in Göttingen. Philo-
   log.-Hist. Klasse, Jg. 1941 Nr. 2 (= Berichte und Studien zur Geschichte Karls V.) Göttingen
   1941, S. 87–160: S. 111. Das Lob des Bergwerks S. 137.
[17] Chronica des gantzen Fuggerischen geschlechts, ediert als: Chronik der Familie Fugger
   vom Jahre 1599, hg. von Christian Meyer, München 1902. Darin Jakob Fugger, S. 26–30,
   Anton Fugger S. 59–65. Zur Editionskritik vgl. Jansen, Anfänge (wie Anm. 5). Zur handschriftlichen Überlieferung und Datierung Lieb, Fugger und Kunst, Bd. 1, S. 317, und Bd. 2,
   S. 299 (siehe unten Anm. 36).

und 4), aber das war offenbar nicht so wichtig. *Anton* Fugger gab sich nach
dieser Chronik offenbar nicht mehr mit Geldverdienen ab. Auf den ihm
gewidmeten sechs Seiten ist sein Beruf nur noch aus seines Onkels Testa-
mentsbestimmung zu erschließen, daß er der »Obrist in dem Fuggerischen Handel« sein soll, kein Wort über seine Tätigkeit in dieser Firma,
kein Wort vom ungarischen oder spanischen Handel.[18] Außer den Fami-
liennachrichten – Geburt, Hochzeit, Kinder und Tod – registriert der
Chronist vielmehr zweierlei aufmerksam: die politischen Beziehungen in
Augsburg, zu Standespersonen und zum Kaiserhaus (aber ohne die Finanzgeschäfte), den Erwerb der Herrschaften und vor allem immer wieder die
Erneuerung, Errichtung und Ausstattung von Gebäuden. In Augsburg
selbst sind das in Übereinstimmung mit der heutigen Wertung vor allem
die Grabkapelle in St. Anna, die Fuggerhäuser am Weinmarkt (Maximilianstraße) und die Fuggerei, ansonsten natürlich die Schlösser und Land-
häuser. Ganz offenbar erscheint das Handelskapital hier als nicht besonders überlieferungswürdig, wohl aber gehört dazu in besonderer Weise die
Architektur und damit ein für uns kunstgeschichtliches Interesse.

Ein anderes Beispiel ist ein Hauptbuch des Octavian Secundus Fugger
für die Jahre 1583–1590 im Fuggerarchiv.[19] Ein Hauptbuch läßt im kaufmännischen Sprachgebrauch die Erfassung aller Geschäftsvorgänge mit
Kunden und Lieferanten erwarten, in der in Augsburg gepflegten doppel-
ten Buchführung die systematische Erschließung der anderswo chronolo-
gisch verzeichneten Vorgänge. Hier aber ist es einfach ein chronologisches
Ausgabenverzeichnis, das weniger für das Fuggersche Rechnungs- und
Handelswesen als für die Erwerbung von Gemälden und von Kunstgegenständen von Interesse ist. Es ist zusammen mit einem Nachlaßinventar
die Hauptquelle für den Beitrag dieses Fuggers zur Kunstgeschichte, dem
eine eigene Monographie gewidmet worden ist.[20]

In der Tat ist die Fuggergeschichte in einzigartiger Weise mit der Kunstgeschichte verknüpft. Als frühes Einzugtor für die Renaissance in Italien
in der Architektur und Raumgestaltung der Fuggerkapelle in St. Anna und
des Damenhofs in den Fuggerhäusern, ganz ersichtlich vermittelt durch
die italienischen Handelsbeziehungen, Italienaufenthalte und personelle
Querverbindungen.[21] Durch die eher aus der Gegenrichtung, Antwerpen
und den Niederlanden, Anregung beziehende Fuggerei und ihre Ausgestal-

---

[18] Pius Dirr, Clemens Jäger und seine Augsburger Ehrenbücher und Zunftchroniken, in:
Zeitschrift des Historischen Vereins für Schwaben und Neuburg 36 (1910), S. 1–32.
[19] FA 1.1.10.
[20] Norbert Lieb, Octavian Secundus Fugger (1549–1600) und die Kunst, Tübingen 1980 (Studien zur Fuggergeschichte 27).

tung zu einem singulären Bau-Ensemble.[22] Und durch Hoch- und Spätrenaissance bis hin zum Manierismus in den Gewölben für Studier- und Sammlungszwecke, die nachträglich den sinnwidrigen Namen Badstuben erhalten haben,[23] sowie auf Schloß Kirchheim.[24] Ich mische mich nicht in die Kontroverse um die Abgrenzung der Anteile der Daucher und Sustris und ihrer Kollegen; der einheitliche Stilwille trotz Teamarbeit erhöht die Bedeutung des Auftraggebers.

Am anschaulichsten wird die Kunstbedeutung der Fugger-Auftraggeber in ihren eigenen Bildnissen, auf Gemälden, in Silberstiftzeichnungen, auf Glas und Gedenkmünzen und in Kupferstichen. Zu den Porträtisten zählten die wichtigsten Augsburger Meister Hans Holbein der Ältere und der Jüngere, Thoman und Hans Burgkmair, Jörg Breu der Ältere und der Jüngere. Ein Glücksfall das Porträt Jakob Fuggers von Albrecht Dürer, ein Hauptwerk persönlichkeitsbewußter Renaissancemalerei in den Farbdominanten der berühmten blaugelben Wappenfarbe des Auftraggebers.[25] Aber auch das nicht zu unterschätzende und in vielen Versionen verbreitete Pendant Anton Fuggers von Hans Maler zu Schwaz. Wegen seiner Einzigartigkeit hervorzuheben ist die Ahnengalerie zwischen zwei Buchdeckeln, die 59teilige Kupferstichfolge von Porträts aus einem Guß, in einem realistisch individualisierenden und zugleich durch den ornamentalen Renaissancerahmen verbundenen Zyklus von Abbildungen der Fugger und Fuggerinnen – Imagines Fuggerorum et Fuggerarum – von Domi-

---

[21] Philipp Maria Halm, Adolf Daucher und die Fuggerkapelle bei St. Anna in Augsburg, München 1921 (Studien zur Fugger-Geschichte 6) und Karl Feuchtmayer, Die Bildhauer der Fugger-Kapelle bei St. Anna zu Augsburg. Stilkritische Bemerkungen zu Sebastian Loscher und Hans Daucher, in: Lieb, Fugger und Kunst, Bd. 1 (siehe unten Anm. 36), S. 433–471, vgl. auch Lieb selbst, S. 135–249 und S. 104 ff. Vgl. jetzt auch und vor allem das neue Standardwerk. Bruno Bushart, Die Fuggerkapelle bei St. Anna in Augsburg, München 1994.

[22] Marion Tietz-Strödel, Die Fuggerei in Augsburg. Studien zur Entwicklung des sozialen Stiftungsbaus im 15. und 16. Jahrhundert, Tübingen 1982 (Studien zur Fuggergeschichte 28). Otto Nübel, Mittelalterliche Beginen – und Sozialsiedlungen in den Niederlanden, Tübingen 1970 (Studien zur Fuggergeschichte 23).

[23] Dorothea Diemer, Hans Fuggers Sammlungskabinette, in: »lautenschlagen lernen und ieben«. Die Fugger und die Musik, hg. von Renate Eikelmann, Augsburg 1993, S. 13–40. Die ältesten Quellenausdrücke sind »gewelb« (16. Jh.), »bibliotheca« (17. Jh.), von der Funktion her wird auch Museum, Kunstkabinett, studiolo vorgeschlagen.

[24] Zu den Schlössern: Klaus Merten, Die Landschlösser der Familie Fugger im 16. Jahrhundert, in: Welt im Umbruch. Augsburg zwischen Renaissance und Barock, hg. von den Städtischen Kunstsammlungen Augsburg und dem Zentralinstitut für Kunstgeschichte in München, Bd. 3, Augsburg 1981, S. 66–81.

[25] Vgl. Götz Frhr. von Pölnitz, Albrecht Dürer 1471–1528. Jakob Fugger, gen. »Der Reiche«, Nr. 86 (Standort: FA N 152).

nicus Custos, den Brüdern Kilian u. a.[26] Dazu aber waren die Fugger – wie natürlich auch andere Häuser – Auftraggeber für andere Werke und Stiftungen, »Kunsthändler« als Einkäufer, Vermittler und Exporteure von Kunstgegenständen und -materialien aus und in alle Welt.

Symptomatisch ist eine Geschichte, die man für eine Künstleranekdote oder Fuggerlegende halten könnte, wenn sie nicht Christoph Amberger selbst an den Auftraggeber geschrieben hätte. Das berühmte Reiterbild Karls V. in Madrid ist neben fünf anderen 1547 beim Aufenthalt des Kaisers in Augsburg gemalt – von keinem geringeren als dem eigens angereisten Tizian, der die Fuggerhäuser, in denen der Kaiser zu logieren pflegte, als Atelier benutzte. Tizian braucht zur Ausführung länger als gedacht, der Kaiser war schon abgereist, und als das Bild fertig war, passierte noch ein Malheur: »Als der Tizian das groß Tuch, darauf Kayserliche Majestät zu Roß konterfeit ist, hat an die sonnen gestellt zu trucknen«, so berichtet Amberger, »da hat ihms ein Wind umgeworfen an ein Holz und ist ein groß Loch darein gerissen, aber hinden im Gaul«.[27] Anton Fugger, der vom Kaiser mit der Aufsicht und dem Transport betraut worden war, wurde als Krisenmanager geholt, weil Tizian schon reisefertig war und es eilig hatte. Fugger beauftragte den Augsburger Malerkollegen Christoph Amberger bei der Reparatur zu helfen, die aber offenbar am Ende an diesem allein hängen blieb. Amberger aber nutzte Zeit und Gelegenheit auch gleich zur Anfertigung von Skizzenkopien und erbot sich nun, den Kaiser in allen Lebenslagen auch selbst zu liefern. Er ist in der Tat auch als Tiziankopist tätig geworden.

Neben solchen Freundschafts- und Vermittlungsdiensten sind die Fugger jedoch auch selbst Kunstsammler gewesen. Das gilt besonders für Raymund Fugger, den Bruder Antons und Begründer der einen Hauptlinie, dem der dankbare Augsburger Maler Jörg Breu der Ältere in seiner Chronik »groß Lob« dafür spendet, daß er seine »Handwerksleute« immer redlich bezahlt habe, was offenbar nicht selbstverständlich war.[28] Neben dem schon zitierten Octavian Secundus ist unter den Söhnen Antons Hans Fugger, der Bauherr von Schloß Kirchheim, als Kunstsammler, aber noch mehr als rühriger Beschaffer und Vermittler von Kunstwerken aller Art

---

[26] Fuggerorum et Fuggerarum quae in familia natae quaeve in familiam transierunt quot extant aere expresae imagines, Augsburg 1618. Die Vorform 1593 mit 59 Abbildungen, die zitierte mit 127.

[27] Christoph Amberger an Kardinal Antonius Perrenot de Granvella, Bischof von Arras, in: Lieb, Fugger und Kunst, Bd. 2 (siehe unten Anm. 36), S. 155.

[28] Die Chronik des Augsburger Malers Georg Preu des Älteren 1535, in: Die Chroniken der deutschen Städte 29 (= Augsburg 6), Göttingen ²1966, S. 69.

für die Bayernherzöge und andere Staatspersonen hervorgetreten. Seine in vielen Bänden gesammelte Korrespondenz, die gegenwärtig von Maria Gräfin von Preysing und Christl Karnehm erschlossen wird, ergibt bemerkenswerte kulturgeschichtliche Einblicke in die Epoche, die Sammelmotive und die Kunstauffassung des Manierismus.[29]

Was die überlieferten Objekte angeht, so muß man sich klarmachen, daß alles was wir kennen, doch nur ein Abglanz des in Augsburg einmal Vorhandenen darstellt, weil die Reichsstadt unverhältnismäßig stark von Verlusten im Dreißigjährigen Krieg betroffen war. Alles zu inventarisieren, was sich in einer Fuggerschen Kunstkammer fand, wurde selbst nach den Plünderungen 1635 für unmöglich erklärt »und ist doch das böste (beste) und fürnembste darauß schon hin«.[30]

Nicht einzugehen ist hier auf das Verhältnis der Fugger zur Musik, die Sammlung von Musikinstrumenten und Musikalien, das praktische Musizieren auf der Laute und die breite Musiker- und Komponistenpalette, aus der die Begegnung mit Hans Leo Hassler und Orlando di Lasso hervorragen, weil all das Gegenstand eigener Veranstaltungen im Anton-Fugger-Jahr sein wird.[31] Nur noch hingewiesen sei auf die literarische Seite des kulturellen Engagements. Ihr Buchhalter Matthäus Schwarz ist selbst als Autor hervorgetreten, nicht nur in dem bekannten Kostümband, sondern in einer Reihe leider verschollener Werke, die von höchstem kulturgeschichtlichem Interesse wären. Kein geringerer als Marx Fugger, der Firmenchef nach Anton, hat einen Band der berühmten neuen Kirchengeschichte des Baronius ins Deutsche übersetzt.[32] Hans Jakob Fugger hat Geschichtsschreibung angeregt und sich selbst als Historiker betätigt.[33]

---

[29] FA 1.2.5–1.2.16d: Kopierbücher von Hans Fugger, DFG-Projekt Fuggerkorrespondenzen, Regesten.

[30] Inventar des Grafen Johannes Fugger von 1635, FA 1. 2. 72. Vgl. auch Lill, Hans Fugger (wie Anm. 37).

[31] Vgl. Art. Fugger von Ernst Fritz Schmid, in: Die Musik in Geschichte und Gegenwart, hg. von Friedrich Blume, Bd. 4, Kassel 1955, Sp. 1118–1126. Richard Scholl, Die Musikinstrumenten-Sammlung von Raimund Fugger der Jüngere, in: Archiv für Musikwissenschaft 21 (1964), S. 212–215. Hans Leo Haßler, Zum Gedenken seines 400. Geburtstags, Ausstellung Augsburg 1964. Neuester Überblick von Franz Krautwurst, Die Fugger und die Musik, in: Katalog Die Fugger und die Musik (wie Anm. 23), S. 41–48.

[32] Georg Lutz, Marx Fugger und die Annales Ecclesiastici des Baronius, in: Baronio Storico e la Controriforma, Sora 1982, S. 423–545.

[33] Wilhelm Maasen, Hans Jakob Fugger, München 1922. Für den »Ehrenspiegel des Hauses Österreich«, von Clemens Jäger ist Hans Jakob Fugger der »Fundator«, für den »Schmalkaldischen Krieg« der Verfasser. Vgl. auch die frühe Begründung des Archivwesens: Heinz Friedrich Deininger, Zur Geschichte des fürstlich und gräflich Fuggerschen Familien- und Stiftungs-Archives zu Augsburg, in: Archivalische Zeitschrift 37 (1928), S. 162–183: S. 163–165.

Die Fuggerbibliotheken, deren eine durch ihn nach München gelangt ist, können hier nicht behandelt werden, bezeugen aber den breiten Hintergrund des gebildeten Hauses.[34] Insbesondere der Jubilar beherrschte Fremdsprachen und Latein, erhielt gedruckte Werke von Humanisten mit textintegrierten Anreden – »mi Antoni« – und wechselte Briefe mit Erasmus von Rotterdam, den er nicht ohne Chancen zur Übersiedelung nach Augsburg zu bewegen suchte, und die nach Humanistenart veröffentlicht wurden.[35] Renaissance und Humanismus erscheinen in der Fuggergeschichte nicht weniger bestimmend als das Handelskapital.

Diese Sehweise der Fugger geht hauptsächlich zurück auf das große und großartige Werk von Norbert Lieb, Die Fugger und die Kunst, das in den 1950er Jahren erschien und auf bald tausend Seiten ein Panorama entrollte, das von den von den Fuggern gehandelten Werkstoffen über ihre Künstler bis zu Fragen der Mentalitätsgeschichte reicht.[36] Zuvor schon war gelegentlich von »hohen geistigen Interessen«, »humanistischen Schöngeistern« und einem »wirklichen Verständnis« für Kunst im Hause Fugger die Rede.[37] Lieb ist dem nachgegangen und hat die Frage nach einem genuinen Kunstinteresse gestellt und sehr abgewogen und nach Personen differenziert behandelt.[38] Alles in allem ist unverkennbar, daß sich der Autor bei den frühen Fuggern etwas mehr belegbares Interesse an den Spitzenwerken der Renaissance wünschte, bei den späteren aber etwas mehr »Kunst« (im normativen Sinne), aber der Grundbefund und das Urteil über die mittlere Generation ist doch positiv. Denn – so Lieb – »bei Jakob Fuggers Neffen werden die ›Renaissance‹-Motive deutlicher und bewußter: die humanistisch-antiquarisch und kunstgewerblichen Interessen bei Raymund, die wissenschaftlichen und literarischen Neigungen bei Anton Fugger«.[39]

---

[34] Paul Lehmann, Eine Geschichte der alten Fuggerbibliotheken, 2 Bde., Tübingen 1956–1960 (Studien zur Fuggergeschichte 12 und 15).

[35] Jan Dubravius, De Piscinis ad Antonium Fuggerum, Warschau 1947, Ndr. Prag 1953, vgl. besonders Epilogus. Erasmus von Rotterdam, Opera, bei Froben, Basel 1540, Bd. III.

[36] Norbert Lieb, Die Fugger und die Kunst. Bd. 1: Im Zeitalter der Spätgotik und frühen Renaissance, München 1952, Bd. 2: Im Zeitalter der Hohen Renaissance, München 1958 (Studien zur Fuggergeschichte 10 und 14).

[37] Emil Reinhardt, Jakob Fugger der Reiche aus Augsburg, Berlin 1926. Von Lieb, Fugger und Kunst (wie Anm. 36) zurückgewiesen Bd. 1, S. 287. Ähnlich Georg Lill, Hans Fugger (1531–1598) und die Kunst. Ein Beitrag zur Geschichte der Spätrenaissance in Süddeutschland, Leipzig 1908, S. 29. (Studien zur Fuggergeschichte 2).

[38] Lieb, Fugger und Kunst (wie Anm. 36) Bd. 1, S. 281 ff., S. 300, z. B. einschränkend: »Trotz allem halten wir es, wie bei Jakob Fugger dem Reichen, so auch bei Anton Fugger nicht für gerechtfertigt, von einem ›genuinen Kunstinteresse‹ zu sprechen«. Vgl. dazu auch Lieb, Octavian Secundus Fugger (wie Anm. 20).

[39] Lieb, Fugger und Kunst (wie Anm. 36) Bd. 1, S. 88, Zitat S. 288.

6
Anton Fugger. Ölgemälde von Hans Maler.
Staatliche Kunsthalle Karlsruhe

7
Kaiser Karl V. in der Schlacht bei Mühlberg, 1547.
Ölgemälde von Tizian. Museo del Prado, Madrid

Bei einer rein historischen Kunstbetrachtung würden sich die beiden Vorbehalte noch verkleinern. Denn einerseits kann sie auf eine normative Ästhetik verzichten und auch den Hundeschädel mit Korallenzähnen als Artefakt ernst nehmen, den z.B. Hans Fugger den Bayernherzögen als »etwas selzambst«[40] andienen wollte.[41] Und andererseits kommt im Dreieck Künstler – Kunstwerk – Auftraggeber heute den Auftraggebern, Vermittlern und Kunstagenten neue Aufmerksamkeit zu, wie Bernd Roeck in einem soeben erschienenen Sammelband zu den Beziehungen zwischen Venedig und Oberdeutschland sehr eindringlich betont.[42] Das aber läßt auch die Bedeutung der Fuggerschen Kunstpatronage noch stärker hervortreten.

III

Am Ende aber sollte doch die rechte Vermittlung dieser beiden Seiten, von Handelsgeist und Kunstinteresse, am Beispiel der Fuggergeschichte zur Debatte stehen. Seit der großen Arbeit von Lieb zerfällt die Fuggerforschung gleichsam in ein handelsgeschichtliches und ein kunstgeschichtliches Interesse. Zusammengeführt wird es nur im biographischen Sinne der Behandlung einzelner Personen oder in der mehr praktischen Hinsicht, daß Kunstwerke auch gekauft und transportiert werden müssen. Vielleicht kann man zu historisch etwas erhellenderen Synthesen gelangen, wenn man auf drei Dinge achtet: auf Funktionalitäten, Durchlässigkeiten und Überordnungen.

1. *Funktionalitäten.* Aus den Studien von Wolfgang Reinhard und Volker Reinhardt geht hervor, daß das halbe frühneuzeitliche Rom als Bestandteil der Aufstiegsstrategie der Kardinalsfamilien gebaut worden ist, insbesondere der Papstnepoten in der römischen Gesellschaft, parallel zur Vermögensbildung, die nichts Ehrenrühriges hatte, sondern diesem familialen Zweck untergeordnet war.[43] Die mögliche

---

[40] Der für die Kunstbesinnung der Zeit charakteristische Begriff fällt häufig, z.B. Regesten Karnehm (s. Anm.29) 1290, 1506, auch bei anderen Fuggern oder als »cosa rara«.

[41] Hans Fugger an Hans Leuthold, Landschreiber zu Tettnang, Augsburg 25. Februar 1578. FA 1.2.9a, Bd. 30, DFG-Projekt Fugger-Korrespondenzen. Regesten Karnehm 1183.

[42] Bernd Roeck, Venedig und Oberdeutschland in der Renaissance. Beziehungen zwischen Kunst und Wirtschaft, Sigmaringen 1993, S. 10. Direkt zur Fuggergeschichte in diesem Band: Klára Garas, Die Fugger und die venezianische Kunst, und Georg Lutz, Vincenzo Campi im Fuggerschloß Kirchheim.

[43] Wolfgang Reinhard, Papstfinanz und Despotismus unter Paul V.: 1605–1621. Studien und Quellen zur Struktur und zu quantitativen Aspekten des päpstlichen Herrschaftssystems, Stuttgart 1974. Und Volker Reinhardt, Kardinal Scipione Borghese (1605–1633). Vermögen, Finanzen und sozialer Aufstieg eines Papstnepoten (Bibliothek des Deutschen Historischen Instituts in Rom, Bd. 58), Tübingen 1984.

Parallele zu Augsburg für die neue Familie Fugger liegt auf der Hand.
Vielfach scheinen sich auch Geschäftsverbindungen und Kunstagentu-
ren gegenseitig gestützt zu haben.[44] Zu beachten bleibt aber auch die
Aristokratisierung der Familie, weniger wegen der Trivialität, daß man
die Schlösser ausgestalten mußte, sondern als ständisch unterschei-
dende Lebensweise, die auch die Kunst zu Hilfe nahm.[45]

2. *Durchlässigkeiten.* Im 16. Jahrhundert gab es noch nicht den heutigen
Wirtschaftsbegriff als einen Produktion und Markt zusammenfassen-
den und von anderem unterscheidenden Lebensbereich. Ebensowenig
den heutigen elaborierten Kunstbegriff – Jörg Breu sprach von den gut
bezahlten Künstlern Raymund Fuggers als »Handwerkern«, und selbst
die Väter der Kunstgeschichte Vasari und Sandrart hielten von einem
im Fuggerhaus gefertigten Werk von größter Bedeutung auch den Preis
von 3000 Scudi für achtungssteigernd – »die grandissima importanza e
per valuta di tremila scudi«.[46] Die scharfe Gegenüberstellung von
materieller Wirtschaft und edler Kunst ist also eigentlich ein wenig
anachronistisch, und dem entsprachen auch praktische Durchlässigkeiten zwischen Edelmetall als Schmuck und Geld und anderen Dop-
peldeutigkeiten von Wert- und Kunstträgern.

3. *Überordnungen.* In der Wertehierarchie des 16. Jahrhunderts rangieren
Handel und Kunst, wenn sie überhaupt darin Platz hatten, beide nicht
sehr hoch und dienten darum wohl vielfach einem Dritten – z.B. der
Religion in den frommen Stiftungen und dem Bezug zur Sakralkunst
überhaupt. Die Familie, die Stadt, die Kaiser- und Reichstreue, der
gemeine Nutz, konnten weiter übergeordnete Normen sein, der Geld-
handwerk und Kunsthandwerk gleichermaßen zu dienen hatten. Am
Ende könnte man überlegen, ob der Handel überhaupt im Gegensatz zu
Kultur zu sehen ist oder nicht sinnvoller den Sonderfall »Handelskul-
tur« darstellt. Matthäus Schwarz schrieb neben literarischen Werken
auch eine Musterbuchhaltung, und zweifellos sind Rechnungswesen
wie auch andere kaufmännische Techniken bemerkenswerte Kultur-

---

[44] Vgl. Katharina Sieh-Burens, Oligarchie, Konfession und Politik im 16. Jahrhundert. Zur
sozialen Verflechtung der Augsburger Bürgermeister und Stadtpfleger 1518–1618, München 1986 und die soziographische Datenerfassung Augsburger Kaufleute in der Schule
Wolfgang Reinhards.

[45] Olaf Mörke, Die Fugger im 16. Jahrhundert. Städtische Elite oder Sonderstruktur?, in:
Archiv für Reformationsgeschichte 74 (1983), S. 141–162 betont hingegen den lange beste-
hen bleibenden Lebensmittelpunkt der Stadt. Rolf Kießling, Zum Augsburg-Bild in der
Chronistik des 15. Jahrhunderts, in: Johannes Janota und Werner Williams (Hg.), Literari-
sches Leben in Augsburg während des 15. Jahrhunderts (Studia Augustana), Tübingen (im
Druck).

fertigkeiten.[47] So wäre am Ende Handelsgeist und Kunstinteresse doch auch noch als Ausdruck der einen frühneuzeitlichen Kultur zu bestimmen.

Das bleibt hier wissenschaftliches Programm, und illustriert nicht einfach die Konzeption der Ausstellung, die unter der Verantwortung der Stadt und des Stadtarchivs entstanden ist. Diese gleichsam akademische Zutat hier bietet jedoch eine zusätzliche Möglichkeit, auch diese Photo-Objekte zu lesen und in Beziehung zu setzen. Denn einerseits sind es Dokumente, Schaubilder und Darstellungen zu Handel und Gewerbe und der für den Handelsgeist des 16. Jahrhunderts bürgenden Köpfe, andererseits aber stammen sie zum größten Teil von den Malern, Graphikern und Architekten des 16. Jahrhunderts – die Literaten muß man sich dazudenken – und repräsentieren so auch den Kunstgeist der Epoche und damit die beschworene Synthese, die in dieser Stadt einst beispielhaft gelungen ist. So läßt gerade die Rückbesinnung auf die Tradition der »Fuggerstadt« und das Jubiläum im Zeichen des Namens Fugger wünschen, daß eine gleichrangige Verpflichtung gegenüber den ökonomischen wie den kulturellen Aufgaben Augsburgs nicht nur eine Angelegenheit der Vergangenheit bleiben möge.

[46] Bezogen von Vasari auf Paris Bordone, von Sandrart irrig auf Tizian, zit. nach Lieb, Die Fugger und Kunst (wie Anm. 36) Bd. 2, S. 303.

[47] Alfred Weitnauer, Venezianischer Handel der Fugger. Nach der Musterbuchhaltung des Matthäus Schwarz, München 1931 (Studien zur Fugger-Geschichte 9). Mit Edition der Elbinger Handschrift. Man vgl. hier z.B. die umsichtigen Begriffserklärungen!

Augsburg zur Zeit von Anton Fugger[*]

Von Björn R. Kommer

Schon seit einiger Zeit begleitet die Augsburger und die Besucher der Stadt auf Lithfaßsäulen und anderswo das Porträt eines bärtigen Mannes. Er blickt nach links, trägt ein offenes Hemd, darüber eine pelzverbrämte Jacke, auf dem Kopf über den weit zurückgenommenen Haaren eine Mütze oder Haube. Der Blick aus den großen braunen Augen des offenbar nicht mehr so ganz jungen Mannes geht in die Ferne, oder geht er nach innen? Dargestellt ist – im Wortlaut der Beschriftung auf einer anderen Replik des Bildes – »Herr Anthony Fugger aetatis suae – seines Alters – 31, anno 1525«, also derjenige, dessen 500. Geburtstag morgen, am Fronleichnamsfest, wiederkehrt, und zu dessen Gedächtnis die heute zu eröffnende Ausstellung »Die Fugger und die Musik« stattfindet.

Wer war Anton Fugger? Seinen Zeitgenossen galt er als »König der Kaufleute«. Wie kam er zu diesem Ruf? Nun, 1493 geboren als Sohn des Georg Fugger und seiner Frau Regina Imhof, war er ein Neffe Jakobs des Reichen, des berühmtesten aller Fugger. Jakob Fugger war kinderlos. Daher bestimmte er Antoni zusammen mit dessen Bruder Raymund zur Führung der Fuggerschen Weltfirma. Antoni übernahm de facto allein die Leitung des weitgespannten Unternehmens, als Jakob der Reiche am vorletzten Tag des Jahres 1525 die Augen schloß. Bruder Raymund war nämlich an geschäftlichen Dingen weniger interessiert.

»Principe veramente degl'altri mercatanti«[1] zu werden, zu sein und zu bleiben – den Beinamen legte ihm 1561 der aus Florenz stammende Antwerpener Kaufmann Lodovico Guicciardini zu – ist die eigene Lebenslei-

---

[*] Ansprache zur Eröffnung der Ausstellung »Die Fugger und die Musik« am 9. Juni 1993.
[1] Norbert Lieb, Die Fugger und die Kunst. Im Zeitalter der hohen Renaissance, München 1958, S. 311 (Studien zur Fuggergeschichte 14). Vgl. die ausführliche Biographie von Götz Frhr. von Pölnitz, Anton Fugger, Bde. 1–3/2, Tübingen 1958–1986 (Studien zur Fuggergeschichte 13, 17, 20, 22 und 29), und zu den Augsburger Ereignissen Geschichte der Stadt Augsburg von der Römerzeit bis zur Gegenwart, hg. von Gunther Gottlieb u.a., Stuttgart 1984.

stung Anton Fuggers. Wohl war er Erbe, doch ließ er es dabei nicht bewenden. Umsichtig planend und weitgespannte Strategien entwerfend, »groß in Ratschlagen und trefflicher Besinnlichkeit«, wie es im Fuggerschen »Ehrenbuch«[2] heißt, sich all den Strapazen unterziehend, die persönliches Eingreifen an den unterschiedlichsten Orten erforderten, auch die Gefahr des Scheiterns bewußt immer wieder auf sich nehmend, verdiente er sich seinen Ehrennamen wirklich. Er brachte das Handelsimperium auf den Höhepunkt, schuf aber auch aus dem Gespür für die sich unaufhaltsam ändernden Zeiten heraus die Grundlagen, auf denen das Haus Fugger noch jahrhundertelang stehen konnte, indem er verstärkt Grundbesitz und Herrschaftsrechte erwarb und die Familie durch prestigefördernde Heiraten der jüngeren Angehörigen in den schwäbischen Adel integrierte. Denn: Noch zu seinen Lebzeiten, etwa ab 1547, machte sich Rückgang der Geschäfte geltend, so daß Anton in seinem Testament von 1550 verfügte, die Firma nach seinem Ableben zu liquidieren.

Anton Fugger machte sich jedoch auch um seine Vaterstadt in höchstem Maß verdient. Nicht nur, daß er das Fuggersche Stiftungswesen, das ja in der »Fuggerei« bis auf den heutigen Tag Augsburger Bürgern zugute kommt, ordnete und erweiterte; im Schicksalsjahr 1547, als das mehrheitlich protestantische Augsburg auf der Verliererseite der Schmalkaldener stand und härteste Strafen von seiten des Kaisers drohten, ließ sich Anton, der selbst keinen Hehl aus seiner Abneigung gegenüber der Reformation machte, dazu bewegen, aus Schwaz herbeizueilen, die Führung der Städtischen Abordnung zu übernehmen und am 29. Januar in Ulm vor Karl V. den verlangten Fußfall zu tun, wodurch das Schlimmste verhütet wurde. In seinem Dankschreiben äußerte sich der Augsburger Rat, zwar lasse es »die Religion« nicht zu, ihm »eine kostbarliche Säule und Bildnisse aufzurichten«[3], doch solle der Dank der Vaterstadt ihm immer sicher sein.

Augsburg blieb stets, wenn auch nicht ausschließlich, der Lebensrahmen für Anton Fugger. Hier, im viel bescheideneren Fuggerschen Stammhaus am Judenberg (heute: Maximilianstraße 21) wurde er geboren; Kindheit und Jugend verbrachte er dagegen im Fuggerhaus am Rindermarkt mit der berühmten Goldenen Schreibstube, wenn er nicht zu Ausbildungszwecken auswärts weilte. Die »Regierung« des Fuggerschen Unternehmens führte Anton jedoch nach dem Tod des Onkels vom Fuggerpa-

---

[2] Das Geheim Ehrenbuch des Fuggerischen Geschlechts; Beschreibung in: Welt im Umbruch, Bd. 1, Augsburg 1960, Nr. 162, S. 224f.

[3] Hermann Joseph Kirch, Die Fugger und der Schmalkaldische Krieg, München 1915, Beilage 36, S. 276–279: 278f., Dank des Augsburger Rats für Anton Fugger (Studien zur Fuggergeschichte 5); vgl. Pölnitz, Anton Fugger (wie Anm. 1), Bd. 2/2, S. 461f.

last am Weinmarkt aus. Dort nahm er Wohnung und beschloß dort auch nach etwa 34jähriger Leitung seines Unternehmens am 14. September 1560 sein Leben. So wird deutlich, daß das Geschehen in Augsburg Teil von Anton Fuggers eigenem Leben wurde, zumal er in dies Geschehen als eine der großen Persönlichkeiten der Zeit und als aktiv Handelnder mit weltweiten Einflußmöglichkeiten hineinverwoben wurde. Symbolisch mag der Wechsel von dem einen Augsburger Haus zum anderen jeweils prächtigeren den Aufstieg des Hauses Fugger widerspiegeln.

Was hat Anton Fugger nicht alles erlebt! Im selben Jahr, in dem er geboren wurde, übernahm Maximilian, den man den letzten Ritter nannte, die Regierung des Reiches: Augsburg wurde bevorzugte Bühne für kaiserliche Handlungen und Auftritte; die Künste und die Wissenschaften erfuhren eine vorher nie gesehene Blüte und Bedeutung. 1519 trat der Monarch an, den massivste Unterstützung der Fugger mit zur Macht gebracht hatte, und der für Anton die größte Rolle spielen sollte. Denn: Indem sich schon der Onkel mit den katholischen Habsburgern liiert hatte – wobei die zur Reformation drängenden Mißstände, wie z.B. der Ablaßhandel, gerade auch den Fuggern angelastet wurde – war im Grunde auch für Anton seine Rolle und sein Platz festgelegt. Erfolg und Mißerfolg der Habsburger mußte so auch für Anton Fugger entscheidend werden. Augsburg erhoffte sich aber einstweilen von Karl V. »den friedvollsten Zustand für unsere Zeit, besser gesagt, ein goldenes Zeitalter«, wie es Konrad Peutinger, an der Spitze einer städtischen Delegation zur Begrüßung des jungen Kaisers in die Niederlande gereist, formulierte. Es kam jedoch anders: Das Reformationsgeschehen verwandelte die Welt; Europa wurde gespalten, geriet in eine tiefe Krise, es kam zu Unruhen, Aufständen, Kriegen. Schließlich entsagte sogar der Mann, in dessen Reich doch die Sonne nicht unterging, 1556 resigniert der Macht und zog sich zurück ins Kloster. Dort starb er zwei Jahre vor seinem Bankier Anton Fugger. Dieser hatte ihm aber immer wieder mit seinen gewaltigen Finanzmitteln ausgeholfen oder ihn gar wohl gerettet, wie bei dem Fürstenaufstand von 1552. Kaiser wurde Ferdinand, dessen Königswahl 1531 – im Verfolg der einmal eingeschlagenen Linie – Anton ermöglicht hatte, indem er für die seit 1519 noch ausständigen Kosten für die Königswahl Karls V. bürgte.

Reichstage waren ein wichtiges Instrument, die Verhältnisse im Reich zu ordnen und Neues auf die gewünschten Bahnen zu bringen. Es charakterisiert die Bedeutung Augsburgs, wenn zwischen 1500–1555 zehn Reichstage hier stattfanden, allerdings nicht unbedingt zur Freude der damaligen Augsburger, die dafür Sonderlasten zu tragen hatten. Doch was spielte sich nicht alles in Augsburg in solchen Zusammenhängen ab! 1518 wurde Luther hierher zum Verhör durch den Kardinal Cajetan, der im Fuggerpalast wohnte, gerufen. Die persönliche Anwesenheit Luthers und die dabei angeknüpften Beziehungen blieben nicht ohne Folgen für die Zukunft.

Der Reichstag von 1530 wurde besonders prunkvoll mit dem Einzug Karls V. eröffnet und von vielen Hoffnungen begleitet. Er brachte die so bedeutungsvolle Verlesung und Übergabe der Confessio Augustana in der Kapitelstube der Bischöflichen Pfalz, in der der Kaiser diesmal noch wohnte, doch die Trennung zwischen den beiden entstehenden Konfessionen wurde nicht – wie eigentlich beabsichtigt – aufgehoben, sondern verschärft. 1547/48 sah den Kaiser nach seinem Sieg über die Protestanten in der Schlacht bei Mühlberg auf dem Höhepunkt seiner Macht. Der gefangene sächsische Kurfürst mußte ihm nach Augsburg folgen, und so mancher unter den Besiegten wurde hart bestraft, wenn auch nicht so streng wie z. B. die Reichsstadt Konstanz, die ihre Selbständigkeit verlor und dem Habsburgerreich inkorporiert wurde. Immerhin: Augsburg bekam auch seinen Teil ab. Große Geldsummen waren zu zahlen; vor allem aber oktroyierte der Kaiser der Stadt eine neue Verfassung auf, die das Zunftregiment abschaffte und die Patrizier bevorzugte. Das Augsburger Interim aber, mit dem Karl V. die religiösen Angelegenheiten in seinem Sinn auf diesem Reichstag voranzubringen suchte, setzte sich nicht durch.

Es waren glanzvolle Tage. Der Reichstag wurde im Fuggerhaus eröffnet, wo auch der Kaiser selbst Wohnung und zwar in dem von Anton Fugger neu eingerichteten Gebäudeteil, dem sogenannten »Kaiserlichen Palatium«, nahm. Berühmte Künstler kamen nach Augsburg, unter ihnen Tizian, der im Fuggerhaus das großartige Prado-Porträt des Kaisers zu Pferde malte, aber auch das nachdenkliche Bildnis des im Lehnstuhl sitzenden Monarchen der Münchener Pinakothek. Tizian kam auch zum nächsten Reichstag, 1550/51, nach Augsburg. Politisch ging es hier vor allem um die Nachfolgeregelung und den Gegensatz mit Moritz v. Sachsen, der im bald folgenden Fürstenaufstand dem Kaiser den Vertrag von Passau abzwang. 1555 ist dann noch einmal ein wichtiges Augsburger Reichstagsdatum: Es kam zum Augsburger Religionsfrieden mit u. a. der Festlegung der Parität bei gemischtkonfessionellen Reichsstädten, wie er überhaupt die Spaltung in zwei Konfessionen endgültig machte, im übri-

Folgende Bildseiten: »Badstuben« der Fuggerhäuser in Augsburg.
Hans Fuggers Sammlungskabinette: Rahmen der Ausstellung
im Jubiläumsjahr 1993: »Die Fugger und die Musik«
8   Kleiner Sammlungsraum Blick nach Nordosten

gen aber eine tragfähige Basis für eine gute Zusammenarbeit beider Konfessionen bis etwa 1590 schuf.

1558/59 tagte der letzte Reichstag zu Lebzeiten Anton Fuggers in Augsburg. Wieder wohnte der Kaiser – jetzt Ferdinand I. – im Fuggerhaus. Zweifellos waren die am 24. Februar im Dom abgehaltenen feierlichen Exequien für Karl V. ein Höhepunkt. Noch heute erinnern die erhaltenen Funeralwaffen an dieses Ereignis der Stadt- und Reichsgeschichte.

Es konnten nur einige der wichtigsten Augsburger Geschehnisse, in die stets auch Anton Fugger auf die eine oder andere Art hineinverwickelt war, gestreift werden. Immerhin lassen sich daraus auch Hinweise auf Antons Beziehungen zu den Künsten und Wissenschaften gewinnen. Wir hörten ja schon: Anton richtete in seinem Haus das »Kaiserliche Palatium« ein, und in seinem Haus logierten oder verkehrten Künstler wie Tizian oder etwa Christoph Amberger. Und wahrlich ergaben sich für Anton Fugger Anregungen genug zum Umgang oder zur Beschäftigung mit Kunst: Als junger Mann sah er die Fuggerkapelle bei St. Anna, die 1518 geweiht wurde, emporwachsen, jenes erste vollgültige Werk der Renaissance in Deutschland nördlich der Alpen. Sollte er nicht mit dem einen oder anderen der dort beschäftigten Künstler zusammengetroffen sein? Gehen etwa seine Beziehungen zu Jörg Breu dem Älteren, dem Maler der Orgelflügel, auf jene Zeit zurück? Wir wissen ja von Breu selbst, daß er in der Zeit von 1532 bis 1536 »herrn antoni Fuggers hinderhaus ausgemalt« hat. Auch ist er Hans Holbein dem Älteren begegnet, der das bezaubernde gezeichnete Jugendbildnis Antons schuf – es ist auf der Ausstellung zu sehen, und wohl auch Albrecht Dürer, wenn die bekannte Kreidezeichnung des Künstlers ihn darstellt, was neuerdings angezweifelt wird.[4] Auch sah Anton Fugger die Aufführung weiterer Bauten in Augsburg, wie z. B. die Dominikanerkirche St. Magdalena (1513/15), auf deren Stifterstein auch sein Name und Wappen eingemeißelt ist, um die er sich später noch kümmerte, oder die in vielem so ähnliche St. Katharinenkirche. Und der Onkel, Jakob der Reiche, vergrößerte und verschönerte er nicht die neu erworbenen Weinmarkthäuser?

Folgt man der schriftlichen Überlieferung und dem, was der Lauf der Zeiten mehr oder weniger übriggelassen hat, könnte es doch so sein, daß, im Wortlaut der »Fugger-Chronik«, Anton am ehesten »Anreizer zu Bau« verspürt hat.[5] In der Tat hat er auf diesem Gebiet, wenn auch weniger in

---

[4] Vgl. »lautenschlagen lernen und ieben«. Die Fugger und die Musik, hg. von Renate Eikelmann, Augsburg 1993, Katalog-Nr. 2 und 3, S. 115–117.
[5] Chronik der Familie Fugger vom Jahre 1599, hg. von Christian Meyer, München 1902.

Augsburg, Eindrucksvolles hinterlassen. Hier, in unserer Stadt, war sicher
die Erweiterung des Fuggerhauses selbst durch das vorerwähnte »Kaiserliche Palatium« und den »Schreibstubenbau« am bedeutendsten. Anton
Fugger kaufte nämlich 1531 das am Apothekergäßchen nach Westen gelegene und an sein Haus angrenzende Anwesen des Hans Heiß und war
somit in der Lage, den Damenhof auf der einen – nördlichen – Seite und
nach hinten neu zu ummanteln bzw. das Vorhandene um- und auszu-
bauen. Dabei kam der Schreibstubenbau – wenn Sie so wollen, die Herz-
kammer des Fuggerschen Unternehmens, am Apothekergäßchen zu liegen und erhielt einen eigenen Eingang mit Treppe nach oben. Das »Kaiserliche Palatium« wurde dagegen von dem rückwärtigen Trakt des Damen-
hofes gebildet. Hier legte man einen erdgeschossigen Gartensaal mit Mit-
telstütze an, darüber einen weiteren Saal. Ihn richtete 1547 u. a. der Kistler
Jakob Stenglin zur Hauskapelle für Karl V. ein. Daneben gab es eine vergol-
dete Kammer, offenbar das Schlafgemach des Kaisers, der so gerne allein
war und stets einsam speiste, und wohl einen Gang oder Vorzimmer. Hier
würde der Kaiser auf dem Weg zur Messe hindurchgehen. Die Einrich-
tungskosten für die Unterbringung Karls V. wurden, wie die Rechnungen
des Schreiners zeigen, übrigens mindestens teilweise, vom Rat der Stadt
bezahlt.

Es entspricht damaliger bürgerlicher Vorstellung und Sitte, wenn
Anton Fugger, obzwar erblicher Reichsgraf, in erster Linie aber wohl
immer noch oder doch stadtbürgerlicher Kauf- und Handelsherr, sein
prächtiges Schlafzimmer, das wieder reich vergoldet war, »cum magnifi-
centissimo lecto«[6] – mit einem allerprächtigsten Bett ausgestattet – in der
Nähe seiner Schreibstube hatte. Sind die aus dem Nachlaßinventar des
Johann Eusebius Fugger von 1672 gezogenen Rückschlüsse richtig, so lag
das Schlafzimmer aufs Apothekergäßchen hinaus am Gang zum Damenhof hin in unmittelbarer Nähe zur Treppe, die zum Nebeneingang an der
Gasse führte. Gleich daneben hatte er auf der einen Seite ein »Schreib-
stüblein«, auf der anderen aber die dem hl. Sebastian geweihte Hauskapelle. Neben ihr lag dann die Hauptschreibstube, außen und innen kennt-
lich an ihrem Erker auf dem Grundriß eines halben Achtecks.

Erhalten hat sich von all dem fast nichts, wenn man von gewölbten
Erdgeschoßräumen des Schreibstubenbaus – dort wird sich auch das von
Anton eingerichtete Archiv befunden haben – absieht. Eines soll aber
noch vermerkt werden: Anton Fugger verwendete bei seinem Bau ziemlich viel Kupfer fürs Decken seiner Dächer, für ihn als Herr von entspre-

---

[6] Lieb (wie Anm. 1), S. 173 (1536, Tagebuch des Nuntius Peter van den Vorst).

chenden Bergwerksunternehmen wohl naheliegend. Seit jenen Zeiten sind aber die grün patinierten Kupferdächer immer beliebter, um nicht zu sagen charakteristisch für Augsburg geworden.

Anton Fugger hat noch mehr gebaut, hauptsächlich aber auf seinen Besitzungen.[7] So errichtete er die Fuggerschlösser Glött, Babenhausen, Bibersburg nordöstlich von Preßburg oder baute sie um. Dem Fuggersitz in Donauwörth und seinen Einrichtungen widmete er ebenfalls Bemühung und Aufmerksamkeit. Für Augsburg und seine Handwerker und Künstler ergab sich aus diesem »Bauwurm«, um eine Charakterisierung eines viel späteren bauwütigen Fürsten zu verwenden, ein breites Betätigungsfeld. Die Auswirkungen in der Stadt mag man damals durchaus in willkommener Weise verspürt haben.

Anton Fugger erkannte und schätzte den Wert von Bildung und Kultur. Hinzu kam, daß das Ideal für einen Angehörigen der Oberschicht das des »Corteggiano«, des Höflings in Gestalt des gebildeten Weltmannes, war. Wenn er und seine Generation dem nur in Teilen entsprochen haben sollten, so war jedenfalls die jüngere möglichst umfassend zu bilden, um so gänzlich in die adlige Lebenswelt und ihre Vorstellungen hineinzuwachsen. In seinem Testament von 1550 gab er dem in Form eines Erziehungsprogrammes für seine Söhne deutlich Ausdruck. Im 3. Kodizill von 1560 fand er dann für seine Enkel die prägnante Formulierung, sie sollten neben dem Studium der Wissenschaften, aber »zu gepürender zeit musica, als singen, tantzen, fechten und dergleichen ehrlich kurtzweil, außerhalb lautenschlagen(,) lernen und ieben«.[8] Hier haben wir das Motto der Ausstellung, wenn auch pikanterweise das Lautenschlagen gerade nicht von Anton gewünscht wurde, vielleicht aus einer Aversion gegenüber einer Vorliebe seines Bruders Raymund.

Die Ausstellung nimmt sich eines Bereichs der musischen Bildung an, der von Anton Fugger zwar als wichtig erkannt und seinen Söhnen und Enkeln verordnet wurde, für ihn selber aber wahrscheinlich nicht so bedeutend war. In der Tat wandte sich zwar schon Bruder Raymund, mehr aber noch die nächste Generation, darunter Antons Sohn Hans und die Neffen Hans Jakob und Raymund der Jüngere, verstärkt Wissenschaften und Künsten zu. So wurde Hans der Erbauer des am Zeugplatz gelegenen Traktes des Fuggerhauskomplexes mit dem baukünstlerischen Juwel der fälschlicherweise sogenannten Badstuben – einst Bibliotheks- und Samm-

---

[7] Details bei Lieb (wie Anm. 1); aus der Sicht um 1600 vgl. Chronik (wie Anm. 5), S. 62–64.
[8] Maria Gräfin von Preysing, Die Fuggertestamente des 16. Jahrhunderts. II. Edition der Testamente, Weißenhorn 1992, S. 161 (Studien zur Fuggergeschichte 34); vgl. Katalog Die Fugger und die Musik (wie Anm. 4), Nr. 1, S. 112.

lungsräume – wo jetzt auch die Ausstellung stattfindet und ihren passenden Rahmen erhält. Raymund der Jüngere brachte eine außerordentlich bemerkenswerte Musikaliensammlung zusammen, und ein weiterer Neffe, Hans Jakob, jener, der als Bronzefigur auf der Philippine-Welser-Straße steht, sammelte einen exquisiten Bücherschatz, der nach seinem Verkauf zum Grundstock der heutigen Bayerischen Staatsbibliothek wurde.

Es ist daher folgerichtig, wenn die Ausstellung Porträts in verschiedener Form, z.B. auch als Medaillen, von Anton und den Familienangehörigen bringt, die besonders mit dem Musikleben ihrer Zeit verbunden waren. Da das tiefgehende Interesse der jüngeren Fuggergeneration und ihre finanziellen Möglichkeiten einen wesentlichen Teil dazu beitrugen, den Notendruck, aber auch den Instrumentenbau in Augsburg zu fördern, lag es auf der Hand, dies durch ausgesuchte und besonders kostbare Beispiele zu belegen.[9]

Die Ausstellung leistet Wichtiges im Hinblick auf die Vergegenwärtigung einer Reihe von damals bedeutenden Komponisten, zumal dann, wenn sie, wie Giovanni Gabrieli, Orlando di Lasso, Hans Leo Hassler, Ludwig Senfl und Melchior Neusidler, mit den Fuggern in Beziehung standen. Nicht zuletzt zeigt daher die Ausstellung Kompositionen als Handschrift oder Druck, oft wertvoller Besitz berühmtester Bibliotheken, die einst den Fuggern zugeeignet oder in ihrem Eigentum waren.

Dazu tritt eine Reihe von Konzerten im Rahmen eines Sonderprogramms. Denn Musik selbst ist nicht ausstellbar. Man muß sie hören und erleben.[10]

---

[9] Die Ausstellung unterstützten als Leihgeber: Bayerisches Nationalmuseum München; Bayerische Staatsbibliothek; Bibliothek des Wilhelmstiftes Tübingen; Haus Fugger, Fuggermuseum Babenhausen, Fugger-Archiv Dillingen; Germanisches Nationalmuseum Nürnberg; Kunstsammlungen der Veste Coburg; Österreichische Nationalbibliothek Wien; Staatl. Graphische Sammlung München; Staatl. Münzsammlung München; Staatl. Museen Berlin, Kupferstichkabinett; Staatsgalerie Stuttgart, Graphische Sammlung; Stadt- und Staatsbibliothek Augsburg und private Leihgeber.

[10] Es folgte ein ausführlicher Dank an die Träger (Stadt Augsburg und Haus Fugger) und Förderer der Ausstellung (Fürst Fugger Bank, Bezirk Schwaben, Nürnberger Lebensversicherungs AG). – Ein besonderer Dank galt den Leihgebern, den Mitarbeitern am Katalog und speziell dem Team der Städtischen Kunstsammlungen Augsburg mit der Projektleiterin, Frau Dr. Renate Eikelmann.

Zur sozialen Stellung europäischer Renaissance-Musiker am Beispiel Orlando di Lassos*

Von *Horst Leuchtmann*

Am Anfang von Lassos Karriere am bayerischen Herzogshof in München steht Augsburg, in geographischer wie in persönlicher Beziehung. Wie eng der Kontakt Lassos mit der Freien Reichsstadt Augsburg war, und wie oft er in ihren Mauern weilte, wissen wir nicht genau. Aber die Stadt gehörte zu seinen frühesten Eindrücken von dem, was heute Bayern ist. September 1556 kommt er als junger Mann, vermutlich auf dem alten Reiseweg über Köln, Koblenz, Mainz, Speyer und Ulm in Augsburg an, um nach München weiterzureisen, wo er den Rest seines Lebens, immerhin 37 Jahre, verbringen sollte.[1] Zu dieser Zeit bestanden bereits Verbindungen zu den Fuggern. Hans Jakob Fugger war es gewesen, der über Antwerpen die Verbindung hergestellt hatte zum bayerischen Herzogshof und der auch die Beziehungen zu Antoine de Granvelle am Kaiserhofe besaß, die allerdings für Lasso unergiebig bleiben sollten. Dieser Fugger hat 1556 für Lassos Leben und damit für die europäische Musikgeschichte die Weichen gestellt.[2]

---

* Vortrag am 29. Juni 1993 im Maximiliansmuseum.
[1] Zu biographischen Einzelheiten über Lasso vgl. meine Biographie: Lasso I. Sein Leben, Wiesbaden 1976. Bei der Angabe der möglichen Wegstrecke mit der »Postkutsche« halte ich mich an die alten Routen, wie sie der kaiserliche Feldpostmeister J. P. Nell auf seiner 1709 bei Johann Baptist Homann in Nürnberg gedruckten Poststraßen-Karte verzeichnet. Denkbar wäre natürlich auch die Route, welche die berühmte »Romweg-Karte« von Erhard Etzlaub, um 1500, etwas großzügig in Vorschlag bringt: Antwerpen – Maastricht – Köln – Koblenz – Frankfurt – Mergentheim – Nördlingen – Donauwörth – Augsburg. Wie auch immer, an Augsburg ging nichts vorbei.
[2] Es handelt sich um zwei Briefe, die Hans Jakob Fugger undatiert und ohne Ortsangabe (wohl aus Augsburg um Pfingsten 1556 der erste, der andere im Juni desselben Jahres) an Herzog Albrecht V. von Bayern richtet. Vgl. Adolf Sandberger, Beiträge zur Geschichte der bayerischen Hofkapelle unter Orlando di Lasso. Drittes Buch: Dokumente. Erster Theil, Leipzig 1895, S. 304 (nach dem Original im Geheimen Hausarchiv München, Kasten schwarz 229/4, S. 86 f.): »...soll an meim guetten willn vnd vleiß nix mangeln, wiewol man mich auß dem niderlandt nit wol vertrost, vrsach das man der khün. M[ajestät] von behem [= Böhmen] erst newlich vill singer da auffgebracht, so hoff ich doch nit gaar leer lauffen sollen; daneben Italia vnd franckreich auch waß thuen werden, das soll e.f.g. [Euer

Die Reise über Augsburg nach München hatte in Antwerpen begonnen, wo Lasso sich längere Zeit aufgehalten hatte in der Hoffnung, eine lukrative Stellung zu finden. Die Fugger besaßen dort ein ertragreiches Kupfer-Ausfuhr-Monopol. Vermutlich waren die Fugger die ersten Deutschen, die Lasso, ein Wallone aus Mons im Hennegau, kennenlernte. Bald darauf, schon 1559, zog Hans Jakob Fugger mit seinem Bibliothekar Samuel van Quickelberg nach München an den Hof Herzog Albrechts V., und die Beziehungen zu Lasso wurden enger. Hans Jakob wurde Hofkammer-Präsident, wir würden sagen: Finanzminister, und bald auch Hofmusik-Intendant, war also mit Lasso und seiner Kantorei durch den wichtigsten Nerv verbunden: das Geld. Und Quickelberg, ein (mit Lasso fast gleichaltriger) Flame aus Antwerpen, entwarf das humanistische Programm der großartigen Miniaturen, mit denen der Maler Hans Mielich die grandiosen Kodizes mit Lassos Vertonung der Bußpsalmen schmückte. Und schließlich avancierte Lasso noch zum heimlichen Vertrauten und Mittelsmann zwischen Albrechts Sohn, dem Thronfolger Wilhelm, der jungverheiratet in Landshut ein mondänes, verschwenderisches Leben führte, und Hans Jakob Fugger, über den das Haus Fugger gegen Schuldverschreibungen diese Pracht hinter dem Rücken Albrechts finanzierte.[3] Als die Fugger die Schuldscheine präsentieren, macht Wilhelm Bankrott, Hans Jakob, der wirtschaftliche Pleiten aus eigener Erfahrung kannte, stirbt zur Unzeit, und Herzog Albrecht muß zähneknirschend die Schulden seines Sohnes

Fürstliche Gnaden] Zue seiner Zeit auch anzaigt werden.« Und: »... Hiemit vbersende e.f.g. Ich aber ain mutet so orlando dela sus meim sun danid[en] sambt andern dreyen gemacht vnd verehrt hat. Sein new vnd solln guet sein; so mir die vbrigen Zuekhomen, solln sy e.f.g. auch gesandt werden. Von diser hab ich copy bhalten, thue e.f.g. mich vnterthenigclich befelchen...«. hatte »meim sun danid[en]« statt die Forschung immer fälschlich »meim sun Dauid« gelesen – diesen Sohn gibt es nicht (vgl. Helmut Hell/Horst Leuchtmann (Hg.), Orlando di Lasso. Musik der Renaissance am Münchner Fürstenhof, Ausstellungskatalog 26 der Bayerischen Staatsbibliothek, Wiesbaden 1982, S. 124 f.). Es handelt sich vermutlich um Hans Jakobs Sohn Carl (*11.12.1543). Welche Motette Lasso dem Knaben »sambt andern dreyen gemacht vnd verehrt hat«, wissen wir bislang nicht. Auch die Formulierung »aber« im ersten Satz des zweiten Schreibens läßt darauf schließen, daß Hans Jakob Fugger dem Herzog schon einmal eine Probe von Lassos Komposition übersandt hatte. Vielleicht gehen die nur im Magnum Opus Musicum nachweisbaren Motetten Lassos nicht nur auf verschollene Drucke zurück sondern auch auf solche Gefälligkeitsgaben, die Lasso gesammelt hätte. Neue archivalische Funde haben H. J. Fuggers und Granvelles Rolle bei der Vermittlung Lassos nach München ans Licht gebracht. Vgl. Ignace Bossuyt, Lassos erste Jahre in München: eine »cosa non riuscita«?, in: Festschrift Horst Leuchtmann, Tutzing 1993, S. 55–67.

[3] Wilhelm hatte 1574 noch einen Goldmacher bemüht und zudem beim Großherzog von Toskana Geld aufnehmen wollen. Als alles scheiterte, mußte er am 13. Januar 1575 H. J. Fugger seinen Bankerott eingestehen. Vgl. Berndt Ph. Baader, Der bayerische Renaissancehof Wilhelms V. (1568–1579), Leipzig-Straßburg 1943, S. 148 ff.; und Leuchtmann, Lasso II. Seine Briefe, Wiesbaden 1977, S. 107 ff.

auf die eigenen häufen. In der langen Liste der vielen Musikalien-Widmungen, mit welchen große heimische und fremde Komponisten dem Hause Fugger für Förderung und Wohlwollen danken, ist auch Lasso gut vertreten. Hier zeigen sich Lassos Verbindungen auch zu anderen Mitgliedern der Familie Fugger: zu Alexander Secundus, Christoph, Hieronymus und Hans. Es wäre ja auch verwunderlich gewesen, wenn sich die kunstsinnigen Fugger einen Großen wie Lasso hätten entgehen lassen; eine bessere Stellung als die in München hatten sie allerdings nicht anzubieten. Franz Krautwurst hat in dem Katalog zur Fugger-Ausstellung der Stadt Augsburg 1993 eine aufschlußreiche Zusammenstellung aller Widmungswerke an das Haus Fugger geboten.[4]

Die musikhistorischen Darstellungen gingen bisher davon aus, daß ein mäzenatischer Fürst, also Herzog Albrecht V. von Bayern, einen großen Komponisten, Orlando di Lasso, ehrenvoll berief und mit offenen Armen empfing und alle Schleusen fürstlicher Gnaden öffnete, um sich im Glanze der Musikkultur von europäischem Rang zu sonnen. Ganz so war es sicher nicht. Jedenfalls nicht zu Anfang und nicht zeitlebens. Daß Lasso 1557 die Stellung in München annimmt, läßt sich nur aus Mangel an besseren Angeboten erklären. Herzog Albrecht V., der 1550 auf den bayerischen Thron gekommen war, wollte anfangs mit rigorosen Einsparungsmaßnahmen die strapazierten Finanzen seines Landes wieder in Ordnung bringen.[5] Gespart wird bekanntlich zuerst stets am Kulturetat. Aber falls Lasso sich darüber Sorgen gemacht haben sollte, wurden sie rasch zerstreut. Albrecht trat bald beherzt in die Fußtapfen seiner wittelsbachischen Vorfahren und sparte nicht. Im Gegenteil. Lasso erhielt in München eine Position, die es ihm, dem bedeutenden Künstler im Reich der Musik sowie im Reich der Promotion und Public Relations erlaubte, mit europäischem Erfolg, ja mit unsterblichem Nachruhm zu operieren. Daß Herzog Albrecht ein schwieriger Mann war und Lasso nicht minder, muß nicht eigens betont werden. Wo in Kunst und Politik haben wir es schon mit unschwierigen Menschen zu tun, wenn wir vom Mittelmaß absehen?

Zwei Jahre hatte Lasso in Antwerpen auf eine lukrative Anstellung gewartet – beim römisch-deutschen Kaiser etwa, beim spanischen König,

---

[4] »lautenschlagen lernen und ieben«. Die Fugger und die Musik, hg. von Renate Eikelmann, Augsburg 1993, S. 47–48.

[5] Vgl. BayHStA, Fürstensachen 363: »Stat. 1552. Canntorej. Sollen Allenthalben, sampt Organisten vnd Instrumentisten. vber drey vnd dreissig person nit sein noch aufgenommen werden,«. Allerdings Fürstensachen 19a schon »1557 Beratschlagung des Stats betreffn... Canntorej Lassens Ir f.g. wies iez ist bleiben. Welln Ir hent frei haben. dauon vnd darzuezethuen. oder wz Ir f.g. glegenhait ist.«

bei reichen Mäzenen. Trotz guter Beziehungen zu den allmächtigen Augsburger Fuggern, die wie gesagt in Antwerpen vertreten waren und Lasso Beziehungen verschafften zu München, zum kaiserlichen Hof, nach Madrid, ja vielleicht selbst nach England – trotz all dieser belegbarer und denkbarer Chancen wollte es nicht gelingen, dem 26jährigen Wallonen zu einer ihm angemessen erscheinenden Position zu verhelfen. Dabei war die Lage am musikalischen Arbeitsmarkt Europas damals ausgesprochen günstig. Denn inzwischen war es Mode geworden bei den hohen weltlichen und geistlichen Herren, sich eine Kapelle zu halten. Das Kapellwesen hatte sogar dermaßen um sich gegriffen, daß man nach Musikern suchen und fahnden mußte, daß man sie sich gegenseitig abwarb. Besonders in den Niederlanden fanden diese Suchaktionen statt – das war zu der Zeit ungefähr das Gebiet, welches wir heute die Benelux-Staaten nennen würden plus einiger inzwischen nordfranzösischer und noch heute deutscher Gebiete. Die Niederlande waren ein reiches Land, und nur reiche Länder konnten sich den Luxus erlauben, Musiker zu erziehen und auszubilden. Zudem stand hier die mehrstimmige, kontrapunktische Musik so sehr in Blüte, daß die niederländischen Musiker als Komponisten, Sänger, Kapellmeister und nicht zuletzt Musiklehrer begehrt waren. Kaiser Karls Sohn und Nachfolger in Spanien, König Philipp II., baute eine neue Kapelle auf, und Antwerpen war wohl die reichste Stadt der Niederlande – hier mußte es Möglichkeiten geben, eine hochdotierte Stellung als Kapellmeister und Hofkomponist zu bekommen. Ständig kämmten die Fürsten aller Länder mit Hilfe ihrer Agenten die Niederlande durch auf der Suche nach musikalischen Talenten.

Lasso hatte einiges zu bieten. Als 14jähriger Chorknabe den Eltern abgehandelt, war er in Italien erzogen worden, hatte Mantua, Palermo und Rom kennengelernt und war auf wunderbare Weise in Rom gleich zum Kapellmeister an der Lateranskirche aufgestiegen, obwohl er damals außer einem gewinnenden Wesen, einer angenehmen Sopran- und nach der Mutation Tenorstimme und seiner Musikalität noch nichts Bedeutendes vorzuweisen hatte. Dann verläßt er Rom und sucht sein Glück in der vielversprechenden Handelsmetropole zu finden. Vergeblich, wie wir bereits hörten. Gleich fünf Musikdrucke mit seinen Kompositionen erscheinen 1555 und 1556 zugleich in Rom, Venedig und Antwerpen. Aber die Stellenvermittlung wollte nicht gelingen. Im Rom hatte er Gönner gefunden, in Antwerpen kann er sie – die Fugger ausgenommen – nicht finden.

Also auf nach München. Aber die kleine Stadt konnte sich damals keineswegs messen mit großen, bedeutenden, reichen Zentren des Handels, der Wirtschaft und der Kultur wie etwa den Freien Reichsstädten Augsburg oder Nürnberg. München war eine enge, alles andere als wohlhabende Stadt, ohne Wirtschaft, Handel und Verkehr. Von Norden, Westen und Südwesten erreichte man den Ort auf dem Postwege nur über Augsburg. Die direkte Route von Süden über Mittenwald war schwierig. Aber München war eine Residenzstadt, und das bedeutete ein Nebeneinander von Stadt- und Hofkultur. München war indes auch keine Universitätsstadt, so daß hier humanistische Bestrebungen allein auf den Hof beschränkt blieben.

Die soziale Stellung der Renaissance-Musiker läßt sich gut an München als Wirkungsort eines großen Musikers darstellen, weil diese Stadt durch ihre Struktur alle Möglichkeiten damaligen Musikmachens und damaliger Musik, Musikpflege und Musikförderung aufweist.

Als Lasso in München eintrifft, ist die musikalische Lage der Dinge schon so, wie sie strukturell die nächsten hundert Jahre mehr oder weniger bleiben wird. Natürlich ergeben sich Änderungen; aber die Positionen sind gefestigt.

Vier Ebenen des Musizierens treten uns da entgegen. Der Hof ist zunächst die bedeutendste kulturelle Institution. 23 Musiker findet Lasso vor,[6] als er in die bayerische Hofkapelle oder Hofkantorei – die Benennungen sind auswechselbar – eintritt. Unsere archivalischen Quellen sind – besonders anfangs – der Zeit entsprechend mehr an der Besoldung der Musiker interessiert als an ihren Qualifikationen oder genauen Namen, so daß wir nicht immer verläßlich wissen, wer welche Stimmlage singt oder welches Instrument spielt. Oder ob er überhaupt Sänger oder Instrumentalist ist. Eigenartigerweise werden in den Etat-Aufstellungen am Münchner Hofe Sänger und Instrumentalisten unterschiedslos zusammengefaßt. Wir erkennen Bassisten, Altisten, Tenoristen und Organisten, ferner Lautenisten, Posauner und Zinkenisten. Und natürlich den Kapellmeister und Personal wie den Kalkanten und den Kapelldiener. Andere Kantorei-Mitglieder bleiben bloße Namen; Streicher müssen ja auch noch dagewesen sein. Daß Diskantisten nicht genannt werden, hängt damit zusammen, daß die Sopranstimmen von Knaben gesungen wurden, Chorknaben, die nur ganz selten namentlich genannt werden, wenn es um ihren Unterhalt oder ihre Entlassung geht. Lasso kommt übrigens nicht als der neue Kapellmeister, sondern zunächst als Tenorist. Die Münchner Hofkantorei ist für die liturgische Musik am Hofe zuständig wie für die

---

⁶ Vgl. BayHStA, Kurbayern Hofzahlamtsrechnungen, tomus 3 1557; abgedruckt bei Sandberger (wie Anm. 2), S. 4ff.

geistliche Andacht, die große Fronleichnams-Prozession und die weltliche Fest- und Unterhaltungsmusik. Zum Tanze holt sich der Hof die
Stadtmusiker oder Spielleute.

Neben dieser Hofmusik gibt es noch die Musik an den Kirchen der
Stadt. Um diese Kirchenmusik ist hier bis ins 17. Jahrhundert hinein sehr
schwach bestellt: je ein Organist steht in der Frauen- und in der Peterskirche zur Verfügung und nur je zwei Choralisten singen zur Messe den gre-
gorianischen Choral.[7] Auf der dritten Ebene erscheinen die Stadtmusiker,
die zunftähnlich organisierten Stadtpfeifer, die mit Ausnahme der Trom-
pete alle anderen Streich- und Blasinstrumente spielen. Trompeter sind
ein herrscherliches Vorrecht, das ausnahmsweise Freien Reichsstädten
gegen entsprechende Gebühr zugestanden werden konnte. Die Münchner
Stadtmusiker – zwei Türmer und vier Pfeifer[8] – sind für die städtische
Repräsentation da, werden jedoch kärglich bezahlt, so daß sie auf private
Aufträge bei Festen, Hochzeiten und Begräbnissen angewiesen sind. Auf
diese Nebenverdienste besaßen sie allerdings verbriefte Rechte. Eine
Situation, die wir ja bei anderen städtischen Musikangestellten noch Jahrhunderte später zur Genüge kennen. Denken wir etwa an den Leipziger
Thomaskantor J. S. Bach. Die Münchner Kirchen sind arm, wie man sieht,
und können sich nichts leisten. Im Gegensatz zu fürstlichen Hofhaltungen wirtschaftet die Stadt (wie alle Städte früher) höchst kostenbewußt,
d. h. äußerst sparsam. Städte übernahmen sich gewöhnlich nicht aus
Gründen der Repräsentation oder gar der Kunstliebe.

Auf der untersten Ebene der Musiker begegnen uns in München, wenn
auch archivalisch eher selten, die fahrenden Musikanten, die Spielleute,
die Springer, Gaukler und Komödianten, die keinen festen Erwerb haben
und überall versuchen, sich durchzuschlagen mit Musik und Tanz und
Kunststückchen, die auch bei Hofe aushelfen, wenn für die Unterhaltung
und Tanzerei die heimischen höfischen und städtischen Kräfte nicht aus-
reichen oder das nicht bieten, was man zuweilen gern hätte: z. B. die
gewagten Moreskentänze mit all ihrer vergnüglichen Unzucht. Sie werden nach Gelegenheit vermutlich vergleichsweise großzügig entlohnt,
müssen aber ständig sehen, wie sie überleben können, was angesichts der
Verfestigung der gegliederten Musikerebenen nicht leicht fällt. Ihre z. T.
bunte, an heutige Rockgruppen erinnernde Kostümierung muß für die
ständisch gegliederten Zuschauer ein grausliches Amüsement gewesen
sein. Man goutiert die Wagnisse, scheut aber die Berührung.[9]

---

[7] Siehe die Rubriken in den Hofzahlamtsrechnungen »Neujahr- und Opfergeld«.
[8] Siehe die Stadtkammerbücher, Stadtarchiv München.

Etwas bleibt noch nachzutragen: Das fürstliche Vorrecht der Trompeter. Sie gehören ebenfalls zur Hofmusik – aber auf besondere Weise. Die Trompeter sind älter als die Hofkantoreien. Sie dienen der fürstlichen Repräsentation auf die offenbarste und zugleich einfachste, schlichteste Weise. Sie reiten oder marschieren dem Herrscher beim Einritt und Aufzug voraus – je mehr, um so vornehmer der Auftritt. Sie musizieren ihre kargen aber festlichen Klänge auch bei der Tafel, wegen der Lautstärke z. T. im Hof unter den Fenstern. Sie sind gern in die Wappenfarben ihres Herrn gekleidet und haben auf jeden Fall seine Farben auf den kleinen Fahnentüchern, die an ihren Instrumenten hängen. Und sie dienen auch im Feld, wenn es zum Krieg kommt. Keine ordentliche Schlacht ohne Blasmusik. Die Trompeten können allerdings nur die Obertöne spielen und sind damit auf Signale festgelegt, Dreiklangsfolgen, die sich gleichwohl auch zu kleinen Musiken zusammenstellen lassen. Die Besten unter diesen Trompetern beherrschen daneben die Kunst des Clarin-Blasens, also das schwierige Blasen in der höchsten Tonlage, in der Melodiefolgen möglich sind. Diese Virtuosen tragen etwas später die Bezeichnung »musikalische Trompeter«. Sie können in diesem Rahmen natürlich bei der Hofkantorei mitwirken; aber sie sind eine Klasse für sich. Ursprünglich waren sie als Feldtrompeter allesamt beritten und deshalb unterstehen sie lange Zeit – wie der Pauker – der Gewalt des Obristen Stallmeisters. Die »Musiker« oder Musikanten oder Cantorei-Personen, also die Sänger und Instrumentalisten, gehören dagegen zum Haushofmeister, und das ist eine andere, höher geachtete und besser besoldende Verwaltungsinstanz. (Ursprünglich gehörten auch die Instrumentalisten zum Stallmeister-Amt, aus dem auch sie hervorgegangen sind.) Merkwürdigerweise erst ab 1602, also unter Maximilians Regentschaft, werden in den bayerischen Hofzahlamtsrechnungen die Instrumentisten, die bisher zusammen mit den Sängern und dem Organisten aufgelistet worden

---

[9] Natürlich waren nicht alle Spielleute unsolide. So wurden sie in München auch bei Bedarf zu den großen Fronleichnams-Prozessionen herangezogen. Und 1557 erwägt man in der Beratschlagung über den Etat: »Extra ordinarj Spilleüth sein Im hofstat nit, vnd wirdet Ir f.g. bschaid zu geben wissen, ob Sy derselben vermög des Rat guetachtens, alls allte diener bedenkhen vnd noch lennger beleiben lassen wellen«. Diese Erwägung, die nicht im Etat geführten, aber vorhandenen Spielleute wie altgediente Diener (mit Besoldung) zu bedenken und zu behalten, wird dann gestrichen. Anscheinend hat hier der Herzog den Räten nicht nachgegeben. Die in der Stadt ansässig gewordenen Spielleute versuchten auch, sich an den Erwerbsquellen der Stadtpfeifer zu beteiligen, was immer wieder zu Auseinandersetzungen führte. Hier haben wir es dann mit Musikern zu tun, die nicht zur (städtischen) Zunft gehörten, die aber nicht einfach mit den fahrenden Musikanten verwechselt werden dürfen.

waren, jetzt zusammen mit den Trompetern unter der Rubrik »Stallmei-
steramt« geführt.

Mit dieser Gliederung ist auch zugleich eine Einkommensstufung gegeben und damit in dieser geschlossenen Gesellschaft eine soziale Rangordnung. Der Kapellmeister steht nicht nur nominell ganz oben auf der Besoldungsliste. Er verdient mehr als seine Musiker; denn er übt nicht nur mit
den Musikern und leitet sie, sondern er muß auch für sie komponieren
und Komponiertes bei Bedarf arrangieren. Die Sänger und Organisten
einerseits und die Instrumentalisten andererseits erhalten sehr bald die
gleichen Besoldungen. Nur junge Musiker bekommen anfangs weniger als
bewährte Kantorei-Angehörige. Bleiben sie auf geringerer Besoldungsstufe, zeigen sich darin ohne Zweifel Qualitäts-Unterschiede. Daß im
Laufe von Lassos Lebenszeit – er stirbt 1594 –, besonders aber dann im 17.
Jahrhundert die Besoldungen sich erheblich steigern, hängt natürlich mit
der fortschreitenden Geldentwertung zusammen, die das Land – und
nicht nur Bayern – heimsucht.[10]

Doch auch diese plausible Hierarchie der Entlohnung ist nicht ganz so
starr. Lasso z. B. bekommt von Anfang an, also noch als Kapelltenorist,
eine höhere Besoldung als sein Kapellmeister Ludwig Daser.[11] Und das ist
nichts Außergewöhnliches, das gibt es schon vor Lasso und ähnliches
geschieht übrigens ihm selbst, als später einmal ein Sänger und ausgespro-
chener Günstling des Herzogs mehr verdient als sein berühmter Kanto-
reichef.[12]

---

[10] Wie sehr von dieser schleichenden Geldentwertung auch die Besoldungen der Hofmusiker
betroffen wurden, zeigt eine kleine Statistik über die Entwicklung des Durchschnittsge-
halts der Sänger (ohne Kapellmeister, Unterkapellmeister), Instrumentisten und Trompeter:

	1557	1569	1579	1581	1592	1600
Sänger	102 fl.	159 fl.	177 fl.	180 fl.	247 fl.	251 fl.
Instrumentisten	117 fl.	160 fl.	185 fl.	237 fl.	283 fl.	350 fl.
Trompeter	20 fl.	31 fl.	47 fl.	76 fl.	214 fl.	124 fl.

[11] Genauer gesagt, ist Lassos anfängliche Besoldung gestaffelt. Für die ersten drei Vierteljahre
(hier nach »Quottembern« [= Quatembern] gerechnet), erhält er jeweils 43 1/2 fl., das
wären im Jahr 174 fl. Sein Kapellmeister Daser bekommt – laut Besoldungsliste – nur 37 1/
2 fl. pro Vierteljahr, also 150 fl. pro Jahr. Aber für das letzte Quartal erhält Lasso eine
Verbesserung auf 50 fl., so daß er für sein erstes Münchner Jahr zusammen 180 1/2 fl.
bezieht. Ab 1558 sind das dann regelmäßig 200 fl.

[12] So sieht es jedenfalls auf den ersten Blick nach den Eintragungen in den Besoldungslisten
des Münchner Hofzahlamtes aus, und das ist zugleich ein gutes Beispiel für die behauptete
Undurchsichtigkeit der Besoldungen. 1587 bis 1592 bezieht Lasso, jährlich wie angegeben,

Die Hofmusik steht an der Spitze der Musikerbesoldungen; auch im Vergleich mit Stadtmusikern, die in reichen Städten nicht nur als Wächter auf den Kirchtürmen hocken und auf Verlangen aufspielen, sondern – denken wir an Nürnberg – als Stadtmusiker verdienterweise großen Ruhm erringen. Wenn allerdings die Feudalherrschaft sehr arm und elend ist, wie bei manchen Kleinstaaten, ist auch die Hofmusik miserabel in Leistung und Entlohnung.[13]

Es wäre sinnlos, hier nun mit Zahlen aufwarten zu wollen und Gulden-Beträge gegeneinander aufzurechnen, um die soziale Rangordnung in der ständisch gegliederten Gesellschaft darzulegen, wie sie sich bis heute in der Besoldung manifestiert. Die eigentlichen Unterschiede fremder oder historischer Währungen liegen ja in der jeweiligen Kaufkraft, doch auch mit Hilfe des sogenannten Warenkorbs bieten sich keine wirklich verläßlichen Vergleichsmöglichkeiten. Es bleibt nur die Möglichkeit, im Rahmen dessen, was ungefähr vergleichbar bezahlt wird, die soziale Stellung einzuschätzen. Auch das ist nicht ohne Risiko; denn die in den Besoldungslisten des Hofzahlamtes festgehaltenen Barauszahlungen entsprechen nicht immer einfach dem, was jemand bezieht. Ein gleichsam unterirdisches Geflecht nicht immer aufscheinender Sonder-Zuwendungen hängt an diesen Besoldungen, wie man gelegentlich erfährt, die unter der Oberfläche weiterlaufen und in sich wechseln, zuweilen abgeschafft und zuweilen wieder angeschafft werden. Wir erfahren darüber – jedenfalls in den Münchner Archivalien – nur sporadisch einiges. Es gibt ja zeitweilig noch für bestimmte Personenkreise den Tisch bei Hofe – der in seiner

---

550 fl. (400 fl. Sold plus 150 fl. Gnadengeld). Der »welsche Geiger« Antonio Morari dagegen 662 fl. (450 fl. Sold [!], 132 fl. Gnadengeld, 45 fl. Aufwandsentschädigung für ein Reitpferd und 35 fl. Wohngeld). 1592 erhöhen sich Lassos Bezüge – zur vollen Höhe bekommt er sie erst 1593 ausgezahlt, da Zulagen von der Datierung aus nach Tagen berechnet werden. Das heißt seine Bezüge erhöhen sich gar nicht, sondern er bekommt nun zwar auf Verlangen ein Kleidergeld von 40 fl. ausbezahlt. Aber ein Geldbetrag, der bislang verborgen geblieben war, taucht jetzt auf. Lasso bezieht jetzt weiterhin 400 fl. Sold, 150 fl. Gnadengeld, 40 fl. Kleidergeld und – zum ersten Mal hier erwähnt – ein »Liefergeld« in Höhe von 250 fl., das, wie wir erfahren, bislang von der Inneren Kammer ausgezahlt worden war, einer Kasse, die für den persönlichen Bedarf des Fürsten über das Hofzahlamt gespeist wurde. Das macht jetzt auf einmal 840 fl. aus. Lasso hatte also in Wirklichkeit schon (jahrelang?) nicht 550 fl. Sold bezogen, sondern 800 fl., nur war das aus den Hofzahlamtsrechnungen nicht ersichtlich. Natürlich wissen wir nicht, ob nicht noch andere Musiker (und sonstige Bedienstete) solche unmittelbaren fürstlichen Zuwendungen bekamen. Hinter dieser Geheimniskrämerei steckt gewiß die Angst vor den Räten, die Einsicht nehmen durften in die amtlichen Einnahme- und Ausgabe-Bände des Hofzahlmeisters. Vgl. zu diesen Sonderzuweisungen die ausführliche Darstellung bei Martin Ruhnke, Beiträge zu einer Geschichte der deutschen Hofmusikkollegien im 16. Jahrhundert, Berlin 1963, S. 102–132.

[13] Vgl. dazu detailliert Ruhnke (wie Anm. 12).

Tischeinteilung und damit Eßgemeinschaft deutlich gegliedert ist, aber
natürlich die Spitzen der jeweiligen Abteilungen nicht einbezieht. Dann
wieder wird der Tisch bei Hof mit Geld abgegolten. Diese Tischordnung
ist es ja unter anderem, die Mozart bei seinem Dienstherrn so demütigt. –
Es gibt kontinuierliche Gnadengelder, die im allgemeinen aus der Privat-
schatulle des Fürsten ausbezahlt werden und nur dann plötzlich offiziell
auftauchen, wenn es dem Herrscher gelungen ist, diese Gelder auf das
Hofzahlamt abzuwälzen.[14]

Holzgeld, Weingeld, Kleidergeld, Kostgeld, Lerngeld usw. erscheinen
manchmal und verschwinden wieder. Andere archivalische Bestände halten zuweilen noch eine zusätzliche »Lieferung« fest, also Naturalien wie
Korn zum Beispiel. Einmalig erbettelte Gnadengelder sind unter anderen
Titeln festgehalten; Kanzlisten, die auch mitmusizieren, erscheinen
nicht bei der Musik, und wir wissen nicht, ob sie ständig gebraucht wurden oder nur ab und an, und dann bei welchen Gelegenheiten?

Greifen wir aufs Geratewohl das Jahr 1590[15] heraus, vier Jahre vor Lassos Tod, und versuchen wir, den Kapellmeister und seine Musiker in der
Besoldungsskala der Hofleute unterzubringen. Lasso bekommt (nach Aus-
weis der Hofzahlamtsrechnungen) für dieses Jahr 400 fl. Besoldung ausbezahlt und ein ständiges Gnadengeld in Höhe von 150 fl., also insgesamt
550 fl. (1557 hatte er mit 180 1/2 fl. angefangen – sein Kapellmeister Daser
erhielt seiner Zeit alles in allem nur 150 fl., vgl. Anmerkung 11). Damit
gehört Lasso nach der Besoldung zur obersten Klasse der bezahlten Hofdie-
ner, den Hof- und Kammerräten, den gelehrten Räten und den Kammer-
herren und Mundschenken, die – auch hier gestuft – zwischen 200 bis
400 fl., bei den genannten Räten bis 1250 fl. einnehmen. Die Doctores der
Artzney wären noch vergleichbar. Der Maler Peter Candid muß sich mit
150 fl. zufrieden geben, der Drucker Adam Berg bezieht 42 fl., der Bild-
schnitzer Fistulator 150 fl., ein Stukkateur 100 fl., und der Maler Hans
Donauer 30 fl. Berg und Donauer bekommen natürlich ihre Arbeiten für
den Hof gesondert bezahlt.

Die guten Sänger und Instrumentalisten, auch der Organist, beziehen je
180 fl., das ist die untere Stufe der Sekretäre und Schreiber, die unterste
Stufe der Hofkapläne und Kammerdiener. Das Amt des Kammerdieners –
das sei hier noch rasch in die Erinnerung gerufen – ist an Fürstenhöfen bis
heute eine Vertrauensstellung. Der oberste Trompeter, der berühmte
Cesare Bendinelli, bezieht ebenfalls 180 fl., ein gewöhnlicher Trompeter

---

[14] Vgl. dazu Ruhnke (wie Anm. 12), S. 102 ff.
[15] BayHStA, Kurbayern Hofzahlamtsrechnungen, tomus 36 1590; abgedruckt bei Sandberger, (wie Anm. 2), S. 187 ff.

120 – 125 fl.[16] Letztere Besoldung entspricht einem besseren Sattelknecht, einem Kellermeister, einem höheren Torwärter. Der Apotheker erhält nur 100 fl. Damit ist die Hofkantorei sehr gut bezahlt. Schon in einer Denkschrift vom Jahre 1557 hatten allerdings die besorgten bayerischen Räte die nach ihrem Ermessen überhöhten Musiker-Besoldungen kritisiert und den Herzog gebeten, Musiker »nach ihrem Stand« zu besolden und nicht nach seiner Wertschätzung.[17] – Die Stadtpfeifer dagegen bleiben auf ihrer Besoldungsstufe von 32 bis 36 Gulden sitzen.[18]

Lasso kauft z. B. 1567 sein erstes großes Haus in einer bevorzugten Wohnlage für 1535 fl., das heute sicherlich mit 5 bis 10 Millionen DM anzusetzen wäre.[19] Wollte man einen Vergleich mit heutigen Einkommen wagen, läge man sicher nicht ganz falsch, wenn man Lassos Besoldung mit dem Verdienst eines heutigen Münchner Opern-Intendanten in etwa gleichsetzen würde.

Ein grundsätzlicher Rangunterschied zwischen Sängern und Instrumentalisten besteht allerdings in Bildung und Ausbildung. Der Sänger muß neben der Stimmbildung und der praktischen und theoretischen Musik nicht nur Lesen, Schreiben und Rechnen lernen, sondern auch Latein, um die Kirchenmusik singen zu können. Er besucht deshalb als Knabe eine Chorschule oder wird in der Kantorei von einem eigens angestellten Knaben-Praeceptor unterrichtet. Dadurch gewinnt er die Möglichkeit, bei Stimmverlust oder sonstiger Dienstuntauglichkeit als Kanzlist oder Sekretär in die Hofverwaltung überwechseln zu können, eine Chance, die der Instrumentist – vom Trompeter ganz zu schweigen – nicht hat.[20]

Zu diesen Annehmlichkeiten einer festen, und wie man sieht: gut dotierten Stellung gehört noch die Möglichkeit, unmittelbar beim Fürsten

[16] Bis 1583 erhielten die Trompeter jährlich 50 fl., aber 1584 plötzlich für »Sold und Liefergeld« 100 fl. Es handelt sich also nicht um eine Soldverbesserung, sondern um eine Umlage von Naturalien oder Deputat auf Bargeld.

[17] Vgl. Sigmund Riezler, Zur Würdigung Herzogs Albrechts V. von Bayern und seiner inneren Regierung, in: Abhandlungen der historischen Classe der königlich-bayerischen Akademie der Wissenschaften, Bd. 21, München 1898,. S. 67ff. Und: Hermann-Joseph Busley, Zur Finanzierungs- und Kulturpolitik Albrechts V. von Bayern. Studie zum herzoglichen Ratsgutachten von 1557, in: Reformata reformanda. Festgabe für Hubert Jedin zum 17. Juni 1965, hg. von Erwin Iserloh/Konrad Repgen, Zweiter Teil, Münster [1965], S. 229–235.

[18] Vgl. die Stadtkammerbücher im Stadtarchiv München.

[19] 1583 erwarb er ein noch teureres zweites Haus (für 1850 fl.). Vgl. dazu Leuchtmann, Lasso I (wie Anm. 1), S. 142–146.

[20] Es gelingt erst 1672 einmal, daß ein Trompeter in die Kanzlei überwechseln kann; es handelt sich um den Hoftrompeter Christoph Weinperger, der den Access zur Hofcantzley hat. Vgl. BayHStA, Kurbayern Hofzahlamtsrechnungen, tomus 120, fol. 618v.

vorsprechen zu können, wenn Unglücksfälle oder Leichtsinn zwingen, um ein Gnadengeld bitten zu müssen. Abgesehen davon, daß die Hofkasse immer wieder Arznei und Beihilfen in Krankheitsfällen zahlt, als Gnade selbstverständlich und nicht als einklagbares Recht. Dieses »Anlaufen«, wie es die Zeit nennt, diese Bettelei, mit der der Fürst bedrängt wird, wird immer wieder verboten, hört aber erst beim strengen Kurfürsten Maximilian schlagartig auf. Und nicht zuletzt bietet sich für gute Kräfte die Gelegenheit, eine Provision, ein Leibgeding zu erhalten, womit für das Alter, auch für die Witwe, vorgesorgt ist. Das soziale Ansehen der Musiker wird durch diese Vorzüge immens erhöht, vor allem in einer Zeit, in der Mangel an Vermögen und niedere Position im Standesgefüge das Leben und Auskommen äußerst hart und schwierig machen können.

Dabei sind das noch nicht einmal alle Vorteile, die der Hofmusiker genießt und um die er beneidet wird. Aber damit sind wir bereits längst auf der anderen Seite der bilanzierenden Betrachtung: der Musiker wird beneidet. Das läßt sich im Münchner Terrain besonders gut beobachten wegen der Omnipräsenz aller Musikerebenen.

Als Lasso 1557 in München zur Hofkantorei stößt, trifft er auf ein Ensemble von deutschen, vermutlich hauptsächlich bayerischen Musikern, unter denen nur ein fremdartiger Namen auftaucht.[21] Ein Jahr später mehren sich die Fremden aus dem Reich und aus dem Ausland, langsam erst aber anhaltend. 1563 ist der Anteil der Italiener und Niederländer unter den Sängern und Instrumentalisten schon beträchtlich und steigert sich in der Folge. Das ist die Entwicklung der Musik: die niederländischen Musiker, zu denen Lasso bekanntlich selbst zählt, haben Italien erobert, sie dringen jetzt auch in die deutschsprachigen Gebiete ein und bringen ihre früheren Schüler mit, wenn man das so formulieren darf. Andererseits dürfen wir nicht vergessen, daß die Niederlande noch zum römischen Reich deutscher Nation gehören; daß Lasso also, wenn er von Mons im belgischen Hennegau nach München wechselt, im Bereich des römisch-deutschen Reiches bleibt, dessen Untertan er seit seiner Geburt war und blieb. Die Trompeter übrigens sind von dieser Überfremdung nicht so betroffen und bleiben in der fast absoluten Mehrheit bei ihrer deutschen Besetzung. Ihr oberster Trompeter allerdings ist seit 1580 auch ein Italiener: der schon erwähnte Cesare Bendinelli aus Verona.[22]

Was diese fremden Musiker – ganz gleich, ob sie nun aus dem Reich oder dem Ausland kommen – gegenüber der Bevölkerung abhebt und auszeich-

---

[21] Vgl. Anm. 6; der Musiker heißt Valerian von Aschpra.
[22] Vgl. BayHStA, Kurbayern Hofzahlamtsrechnungen, tomus 26 1580. Als Bendinelli 1617 stirbt, wird sein Schüler Caspar Lederer sein Nachfolger.

Erläuterungen zu den folgenden Abbildungen auf Seite 6 (Inhaltsverzeichnis)

IOANNES IACOBVS FVGGER FIL:
II· RAIMVNDI·

net, sind verlockende Vorteile ihrer Stellung, die für die Münchner Bürger oder für die bayerischen Untertanen schlechthin unerreichbar waren. Hofmusiker zahlten keine Stadtsteuern, solange sie keine Häuser kauften. Sie lebten zwar in München, waren aber keine Münchner Bürger. Wir erfahren, daß die Stadt zum Ausgleich die Witwen der Hofmusiker aufs härteste bedrängte, das Bürgerrecht zu erwerben und damit steuerpflichtig zu werden. Die Musikerwitwe Morari z. B., eine sehr resolute Dame, wird von städtischer Seite als das »böse Weib« verschrieen, weil sie sich diesem bürgernahen Werben der Stadt harthörig und sparsam verschließt.[23] Steuerfreiheit für bestimmte Berufe ist bis heute keine populäre Maßnahme.

Das wirft die Frage auf, was diese Hofmusik kostete. Die Etat-Aufstellungen des bayerischen Hofes für die mir in archivalischen Unterlagen überschaubaren Jahre 1550 bis 1680 verraten, daß die Kosten für die Hofmusik durchschnittlich 1 % der Gesamtausgaben des herzoglichen Hofes ausmachten. Da sind jedoch reine Besoldungskosten ohne die ständigen Ausgaben für Reparaturen, Ersatzteile, Neuanschaffungen von Instrumenten, besonderen Dienstleistungen der Musiker, Schuhreparaturen sowie Bade- und Haarschneidekosten für die Kapellknaben, Arznei-Ausgaben für alle Kapellangehörigen und sogenannte Gnadengelder, also Auszeichnungen verdienter oder Beihilfen für in Notlagen geratene Musiker. Wenn wir die moderne Spaltung der Ausgaben in die Bereiche Staat, Länder und Kommunen hier beiseite lassen, gibt unser heutiger Staat auch etwa 1 % für die Musik aus. Natürlich ist unser Budget um vieles riesiger als dasjenige des damaligen Herzogtums Bayern, vor allem, weil das Aufnehmen von Schulden und der damit verbundene ständige Schuldendienst nicht unsere Dimensionen erreichen konnte; die Einnahmen waren geringer, ebenso die Verpflichtungen des Staates und die steuerliche Schröpfung der Untertanen. Trotzdem können wir ungefähr ermessen, daß dieses eine Prozent damals ungleich mehr für die wenigen davon Profitierenden war, weil sich darin allein die statistisch durchschnittlich halbhundert Musiker teilten. Wogegen in der Bundesrepublik im Jahre

---

[23] So setzt die Stadt z.B. alles daran, die Witwe des 1597 verstorbenen Geigers Antonio Morari (der 1568 mit seinen Brüdern Hannibal und Giovanni Battista in die Kantorei aufgenommen worden war) zu zwingen, das Bürgerrecht zu erkaufen und damit steuerpflichtig zu werden. Auch die Musikerwitwen Fischer und Regnart werden unter Druck gesetzt, und letztere geben nach. 1604 ist es dann soweit – als Herzog Maximilian, an den die Stadt sich gewendet hatte, dem Drängen der Stadt nachgibt und sie nicht zu schützen bereit ist –, daß die Anna Morari es vorzieht, die Stadt zu verlassen. Vgl. Raths Protocoll de Anno 1604 »... Wann die Morarin werde supliciern vmb nachlaß der Nachsteür, so soll man Ir f.d. [Fürstliche Durchlaucht] zu vnd[er]thenigisten Ehren Ir dise schenckhen, damit diß bese weib [!] einsmals gar von der statt khom[m].«

1992 160 professionelle Orchester, 120 Musiktheater, 21 Musikhochschulen und 13 Konservatorien bzw. Akademien für die Ausbildung von Komponisten, Dirigenten, Sängern, Instrumentalisten und Musiklehrern sich in diese Zuwendungen teilen müssen; dazu kommen noch 84 Universitäten, Gesamthochschulen und Pädagogische Hochschulen mit Ausbildungsgängen für Musiklehrer und Musikwissenschaftler, weit über 1000 Musikschulen in kommunaler Trägerschaft, weitere dreißig Kirchenmusikschulen, 55 Ensembles für Alte Musik und sechzig Ensembles für Zeitgenössische Musik, zahlreiche Spezialausbildungsstätten für Musikberufe wie Instrumentenbau, Bibliothekswesen, Musiktherapie, Rundfunktechnik; ferner Musikbibliotheken, Archive, mindestens 140 000 Chöre, Laienorchester, Musikgesellschaften, Ensembles und andere Musikgruppen, die allesamt erhalten oder doch bezuschußt werden.[24]

Neben den nicht unverständlichen Neid treten noch andere Ärgernisse. Die Musiker sind nicht nur anders, lebhafter, auffälliger, besser gekleidet als die arbeitende Bevölkerung. Sie sprechen oft genug eine hier unverständliche Sprache und bilden eine Clique für sich. Auch Lasso spricht nur Französisch und Italienisch, als er hierherkommt. Vor allem aber: Die Musiker werden vorrangig in Geld bezahlt und sind damit einer noch weitgehend ländlichen Bevölkerung, die mehr Naturalien als flüssiges Geld zur Hand hat, in der Kaufkraft überlegen. Und sie wissen den Hof hinter sich. Solange keine Verbrechen unterlaufen, möchte der Hof die angeworbenen Spitzenkräfte, die genug Geld kosten, auch halten.[25]

Dabei aber, und das sieht die Stadt ebenso klar wie der Hof: Was sind diese Hofmusiker denn eigentlich? Der Herzog redet sie wie seine Diener mit »Du« an. Erst im 17. Jahrhundert erhält wenigsten der Kapellmeister den Titel »Herr«. Auch Lasso ist nur »Orlando« – und das bedeutet keine Vertraulichkeit sondern Herablassung. Die Hofmusiker sind Bedienstete, Gesinde, »gemaine Diener«, wie der Hofstaat, also der Etat sie nennt. Aber sie kleiden sich elegant wie die Herren, sie besitzen Geld und arbeiten

---

[24] Vgl. Richard Jakoby, Musik in Deutschland, in: Alexander von Humboldt Stiftung, Mitteilungen; Magazin Nr. 63, Juli 1994, S. 25.

[25] Bezeichnend für die Musiker, insbesondere für Lasso und ebenso für die Einheimischen und Nichtmusiker das Urteil des Hans Jakob Fugger, der zu Lasso ja, wie wir vermuten dürfen (siehe weiter oben), enge Beziehungen hatte. 1574 gibt es Schwierigkeiten (»Lärmen«) mit Lasso aus uns unbekannten Gründen, die vielleicht mit Lassos Musikeranwerbungen in Italien zu tun haben. Herzog Albrecht ist verärgert, Fugger steht auf Seiten des Herzogs und warnt den Thronfolger mit einem Schreiben vom 16. Juni: »...lermen mit dem orlando... Ir f.g. nem[m]ens vbll' auff & re vera ist es nit recht, mais ces testes musicales et capritieuses, font bien leur debuoir, envers tout le monde sans auoir regard a p[er-]sonne...« (Geheimes Hausarchiv München, 607 Fu).

nicht im Schweiße ihres Angesichts. Und sie sind unangreifbar. »Hergelaufenes Gesindel«, schimpfen die Räte diese Kantorei-Personen einmal.[26] Das ist nicht ganz unrichtig. In kleinen Städten kennen sich die
Bürger untereinander. Man weiß, wer der andere ist, man kennt die Vorfahren, weiß, wovon er lebt und mit wem man es zu tun hat. Hier kommen
jetzt von überallher Menschen – und wohlgemerkt, von den fremden
Musikern und Höflingen weiß und erfährt man nichts Genaues. Nur eines
weiß man von ihnen: der Herzog schätzt und schützt und bezahlt sie, viel
zu hoch, wie man glaubt. Beurteilen können das die Bürger sowieso nicht;
einmal nicht, weil sie von Musik nichts verstehen – dafür fehlt ihnen
gemeinhin die Vorbildung – mehrstimmige Musik gilt lange noch als eine
elitäre Wissenschaft. Zum anderen, weil sie von der Musik am Hofe bei
Tisch und in der Hofkirche oder gar in der Privatkapelle der Neuen Veste
nichts zu hören bekommen. Lasso – das sei nur rasch angefügt – gehört
nicht in diese Gruppe der unbekannten Musikanten. Er war mit der
Regina Wäckinger aus Landshut verheiratet und damit aus dem schlimmen Stand des »Hergelaufenen« in den mildernden Umstand des »Zugereisten« geraten. Überhaupt ist Lasso eine Ausnahme-Erscheinung, so
exzeptionell, daß er in vieler Beziehung alles andere als typisch ist für die
Zeit und für seinen Beruf. So hatte sein Landsmann Quickelberg dafür
gesorgt, daß er als einziger Musiker schon in jungen Jahren in das exklusive *Heldenbuch Teutscher Nation*[27] aufgenommen wurde, das große Personen- und Standeslexikon der berühmtesten und bedeutendsten Männer
des Reiches. Eine fulminante Ehrung, wertvoller als alle Ehrengaben.
Lasso sei nicht typisch gewesen für seine Zeit, habe ich eben gesagt. Man
muß das genauer formulieren: In seinem Leben und Anspruch verkörperte
er das, wovon die Musiker seiner Zeit kaum zu träumen wagten.

Ein Drittes wiegt schwerer und das hat mit ethnischen Gründen oder
Vorurteilen nichts zu tun. Die Hofmusiker sind zwar Diener und Gesinde;
aber selbst die Hof- und Kammerräte oder die Kammerdiener haben keine
so enge Berührung mit dem Herrscher wie die Musiker. Die Musiker
musizieren ja nicht nur in der Kirche. Das war Albrechts Schutzbehaup-

---

[26] Siehe oben Anm. 17.

[27] Quickelberg lieferte biographische Artikel für Heinrich Pantaleons Prosopographia
heroum atque illustrium virorum totius Germaniae, Basel 1565–1566. In Band III 1566,
S. 541 der Artikel Orlandus de Lassus Musicus und ein unkenntlicher Porträt-Holzschnitt
(der im Gegensatz zu vielen anderen, standestypischen Porträt-Holzschnitten für die Dargestellten nur dieses eine Mal – für Lasso – vorkommt). 1567 erschien dann eine deutschsprachige Ausgabe: Teutscher Nation Heldenbuch, die Pantaleon selbst übersetzt hatte.
Hier steht Lassos Personalartikel im Dritten theil, S. 507 f.: Orland von Lassen [!] Musicus
in Bayern. Faksimile-Wiedergaben in Leuchtmann I (wie Anm. 1), S. 297–301.

tung den Räten[28] gegenüber, die auf solche Vorstellungen antworteten: Kirchenmusik könne der Herzog jederzeit in der Frauen- oder in der Peterskirche hören. Albrecht wollte mit dieser Ausrede den Anschein des Luxus am Hofe, des »uberflusses«, wie die Zeit sagt, vermeiden und gleichzeitig die Klostersteuern rechtfertigen, aus denen er die Ausgaben für die Hofkantorei zu begleichen hoffte. Die Hoffnung war trügerisch: Die bockigen Mönche und Nonnen erfanden tausend Ausreden für die Verzögerung oder Nichtzahlung, und Herzog Wilhelm schaffte dann bei seinem Regierungsantritt diese fromme Beihilfe schleunigst wieder ab.[29]

Die Kantorei musizierte, wie wir hören, jeden Morgen eine Messe; aber sie musizierte auch in der Kammer, in den herzoglichen Privatgemächern, sie unterhielt das Herrscherpaar und den Hof beim Essen und nach dem Essen. Zum Entsetzen seiner Räte hatte Herzog Albrecht Hofmusiker sogar in seiner Residenz, der Neuveste, einlogiert und sie in seine Kammer, also seine Privatgemächer mitgenommen. Das schaffte wiederum einen hohen Grad von persönlicher Bekanntschaft und Vertraulichkeit.

Die Stellung als Hofmusiker macht auch der heutigen Betrachtung Schwierigkeiten. Wir sind es gewohnt, den großen Geistern der Vergangenheit, den toten Dichtern, Musikern, Malern usw. unsere Hochachtung entgegenzubringen; wir verehren sie und nehmen es ihren Zeitgenossen übel, wenn sie es damals an solcher Hochachtung haben fehlen lassen. Daß Wien sich 1784 Mozart nicht ehrerbietig zu Füßen geworfen hat, wird der Stadt noch heute von mehr entflammten als historisch orientierten Schriftstellern ernstlich vorgeworfen. Ob Mozart zu seiner Zeit Mozart war, wollen wir oft genug nicht fragen. Wir werfen uns andererseits nicht vor, daß wir in Carl Philipp Emanuel Bach und Telemann, Gluck und Spohr, die inzwischen deutlich an Ansehen eingebüßt haben, heute nicht mehr die Größen erkennen, die sie zu ihrer Zeit darstellten, Herren, deren Bedeutung wir Späteren nur mühsam rekonstruieren können. War Lasso Lasso? Er war damals mehr als heute, wo wir seinen Namen nur mehr im Munde führen. Und er war weniger, weil er nur zum Hofgesinde zählte. Und das erscheint uns unpassend wenn nicht unerträglich. Aber es gab damals keine gesellschaftliche Alternative zum bediensteten Musiker, weil es keine freischaffenden Künstler gab. Musiker und Maler galten nicht als Künstler – dieser Begriff wurde, wenn überhaupt, auf ingeniöse technische Spezialisten und Erfinder angewandt. Was wir Künstler nen-

---

[28] Vgl. Anm. 17.
[29] Schon im ersten Jahr seiner Regierung. Vgl. BayHStA, Kurbayern Hofzahlamtsrechnungen, tomus 26 1580. Mit diesem Jahr entfällt das Kantoreigeld, das über die vier Rentämter eingezogen wurde.

nen, waren damals Handwerker – Kunst galt im Verstande der Zeit als lehr- und lernbar. Zwar galt die Musik immerhin seit der Antike als eine Freie Kunst – die Malerei dagegen mußte noch bis 1595 warten, daß der römisch-deutsche Kaiser Rudolf II. sie, vertreten durch die Prager Maler mittels Majestätsbrief vom 27. April in den Kreis und Rang der Freien Künste förmlich aufnahm.[30] Und ungebundene soziale Freiheit war das nicht beneidenswerte Los der ehrlosen und quasi vogelfreien Spielleute, Gaukler und Komödianten.

Was setzten die von ihrer autochthonen Umwelt beneideten und geschmähten Musiker diesem Mißtrauen entgegen? Den Ruhm ihrer Werke und Interpretationen, ein Ruhm, der seitens der Obrigkeit Belohnung genug fand in Bezahlung und Ehrungen. Sie wurden mit Gnadengeldern bedacht, mit Gaben, mit Gnadenpfennigen, am Hals zu tragen, mit Goldketten, und auch mit Nobilitierungen. Die Liste der Geadelten oder in ihrem Stande Gebesserten ist nicht klein: Konrad Paumann, Paul Hofhaimer, Jakob Regnart, Petrus Massenus, Valentin Bakfark, Lasso selbst, die Gebrüder Hassler, um die wichtigsten zu nennen.[31] Sie konnten sich Häuser kaufen und Land und waren damit den vermögenden Bürgern gleichrangig. Ob die Nobilitierten dem eingesessenen Adel als ebenbürtig galten, ist schwierig zu beantworten. Vorstellbar wäre, daß Lassos Nobilitierung nicht unbedingt dazu geführt hat, in die Adelsgesellschaft aufgenommen zu werden. Viel zählte dieser besitzlose, niedere, junge Adel sowieso nicht. Er konnte bei Hofe zudem in einen heimlichen Grabenkampf um Rang und Ansehen geraten. Einerseits drängten die dritten und weiteren Söhne des Adels in die Hofämter und damit in die Hofgesellschaft; andererseits suchte der Fürst bei der Etablierung des Absolutismus die adligen Hofbeamten durch gelehrte, studierte bürgerliche Fachleute zu ersetzen, die noch stärker von seiner Gnade abhingen. So konnte es

---

[30] Vgl. Katalog Prag um 1600. Kunst und Kultur am Hofe Rudolfs II., Essen 1988, Exponat Nr. 88, S. 208. Vgl. auch Anton Legner, Illustres manus, in: Ornamenta Ecclesiae, Kunst und Künstler der Romanik, Katalog zur Ausstellung des Schnütgen-Museums, Köln 1985, Bd. 1, S. 188: »Malerei, Bildhauerei und Goldschmiedekunst ... gehören ... zu den artes mechanicae, die alle für das tägliche Leben notwendigen Berufe erfassen; zu Ackerbau, Jagd und Fischerei, Schusterhandwerk, zu Weberei, Wirkerei, Gerberei. Die artes mechanicae (lanificium, armatura, navigatio, agricultura, venatio, medicina und theatrica) bilden nach scholastischer Vorstellung die unterste Stufe im System der Wissenschaften auf dem Wege zur Erlösung. Arbeiten in Stein, Holz und Metall, Baukunst, Bildhauerei und Malerei sind zusammengefaßt unter dem Begriff der armatura.« Legner will allerdings das anonyme Künstlertum für das Mittelalter nicht gelten lassen.

[31] Vgl. Hansjörg Pohlmann, Die Frühgeschichte des musikalischen Urheberrechts (ca. 1400–1800). Neue Materialien zur Entwicklung des Urheberrechtsbewußtseins der Komponisten, Kassel etc. 1962, S. 23.

leicht passieren, daß der frisch Nobilitierte gesellschaftlich zwischen den Stühlen saß.

Nicht zuletzt war der Beruf des »Künstlers« (wie wir heute sagen würden) für die herrschende Schicht unschicklich. Ob man nun die ästhetischen Ansichten anderer Zeiten teilt oder nicht: noch das 19. Jahrhundert war von den körperlichen Bewegungen der aufführenden Musiker nicht immer sehr angetan. Das weite Öffnen des Mundes, die beim Instrumentalspiel unvermeidlichen – aber auch oftmals übertriebenen – Bewegungen, Haltungen, Gebärden mußten die Musiker wie histrionische Exhibitionisten in ein schaustellerisches, schiefes Licht rücken, solange man die gravitas, die ernsthafte Würde und zurückhaltende Abgewogenheit als oberstes Gesetz des Betragens anerkannte und alles Grimassieren und jede expressionistische Gestik als »unanständig« (d. h. unschicklich) verurteilte. Deshalb und weil das, was heute als Kunst gefeiert wird, für frühere Zeiten als Hauptbeschäftigung und gar zur Virtuosität gesteigertes Können allenfalls als für die herrschende Klasse als unangemessen galt, war für diese nur dilettantisches Mittelmaß statthaft. Und Fürsten und Herrscher sollten nur Instrumente spielen, die sie nicht – wie etwa Blasinstrumente, deren Ansatzstücke man in den Mund nehmen muß – entstellte. Die Querflöte war neben Streich-, Zupf- und Tasteninstrumenten noch erlaubt.[32] Aber noch Richard Wagner nahm Anstoß an den Zuckungen und Verdrehungen des Körpers bei manchen Musikern und nicht zuletzt aus diesem Grunde machte er sein Orchester in Bayreuth unsichtbar und versteckte es im »mystischen Abgrund«, wie die Enthusiasten die Orchesterhöhle der dem Frackzwang entronnenen schwitzenden Musiker bewundernd nennen.[33]

Zudem haftete – ob zu Recht oder Unrecht – den Musikern, den Malern ebenso, trotz vieler Anerkennung leicht etwas an, was sich später dann auch auf die Künstler überhaupt übertrug. Man witterte eine gewisse Unmoral in ihrer Lebensführung, die ihnen von ihren Ahnen, den fahren-

---

[32] Vgl. Baldesar Castiglione, Il cortegiano, Das Buch vom Hofmann, übersetzt, eingeleitet und erläutert von Fritz Baumgart (Sammlung Dieterich Bd. 78), Bremen o. J. Aus der Einleitung des Übersetzers: »... daß eine ›künstlerische‹ Tätigkeit, wenn sie vom Hofmann verlangt wird, nicht zum Beruf auszuarten braucht, ja, es bei ihm [= Castiglione] nicht darf. Sie hat recht eigentlich ›dilettantisch‹, erfreulich, zu bleiben, ist aber notwendig, weil künstlerisches Schaffen als geistiger und infolgedessen zum Bereich der ratio gehörender Ausdruck des Menschen die Beschäftigung damit für jeden ›gebildeten‹ Menschen erforderlich macht...« (S. XLII). »Musik, Spiel, Kleidung, Auftreten, Unterhaltung erfahren mit vielen Beispielen ... ihre Behandlung. ›Una certa onesta mediocrità‹ (S. 133), ein gewisses ehrenhaftes Mittelmaß, ist das Ideal. Darin steckt nicht das heutige abwertende Urteil der Mittelmäßigkeit, sondern recht eigentlich die Forderung des Maßhaltens; es entspricht der

den Spielleuten und Jongleuren, überkommen sein sollte. Die hatten in
der Anschauung der Zeit von den Drei Ständen schon immer den letzten
Bodensatz noch unterhalb der verachteten Bauern gebildet, zusammen
mit Unfreien, Vaganten und Bettlern.

Die Hofmusiker selbst distanzierten sich von solchen Verdächtigungen
durch die Betonung der Höhe ihrer Kunst, die ja vor allem dem Gottes-
dienst dienen sollte, der Kultur ihrer vertonten Texte, dem Anstand ihrer
Hofkleidung, die im Rahmen der Kleiderordnung derjenigen der Höflinge
nicht nachstand. Sie prunkten mit der Bildung ihrer Widmungsvorreden
und der Vollmundigkeit der Widmungsgedichte, die sie sich von befreun-
deten Humanisten dedizieren ließen. Wenn schon nicht Fürst in der Realität, wollte man wenigstens Fürst im Reich der Musik sein, auch wenn es
nicht von dieser Welt war. Auch hier darf man nicht alles leichtgläubig für
bare Münze nehmen. Wer sich umblickt in den Veröffentlichungen der
Musiker, Schriftsteller und Gelehrten der Zeit, weiß, daß in allen Städten
ein Lateinlehrer saß, der Elogen in klassischer Sprache zu verfassen verstand und zu verfassen erbötig war. Das gehörte zur Werbung, ja zum Stil,
um Wissenschaft und Kunst der von Gott gesetzten Obrigkeit widmen zu
dürfen. Und diese Widmungen brachten Geld. Man konnte sogar mit
Gewidmetem bei anderen Personen oder Städten vorstellig werden und
weitere »Verehrungen«, wie man das nannte, Geldgeschenke also, ein-
heimsen. Eine Praxis, die im Umgang mit schlichteren Objekten als
Hausieren bezeichnet wird. Da es vermutlich keine Gewinn-Beteiligung
des Komponisten an Druckausgaben seiner Werke gab und mit Sicherheit
keine Tantiemen, erscheint es verständlich, auf diesem Wege aus den
eigenen Mühen noch Nutzen ziehen zu wollen. Wenn auch auf eine
zuweilen nicht sehr rühmliche Weise. Denn Städte und Höfe – und sicher
auch hochgestellte Persönlichkeiten – konnten solche versuchten
»Geschenke« vorsichtigerweise ihrem Musiker vorlegen, von dessen
Urteil es abhing, ob es angenommen oder zurückgewiesen wurde. Und

Ausgeglichenheit aller Eigenschaften des Hofmanns und ist mit Harmonie, Grazie Schönheit eng verbunden« (S. XLIV).
33 »Meine Gedanken über die Unsichtbarmachung des Orchesters kennen meine Leser
bereits aus einigen näheren Darlegungen... und ich hoffe, daß ein seitdem von ihnen
gemachter Besuch einer heutigen Opernaufführung... sie von der Richtigkeit meines
Gefühles in der Beurtheilung der widerwärtigen Störung durch die stets sich aufdrängende
Sichtbarkeit des technischen Apparates der Tonhervorbringung überzeugt hat... Das
Orchester war demnach, ohne es zu verdecken, in eine solche Tiefe zu verlegen, daß der
Zuschauer über dasselbe hinweg unmittelbar auf die Bühne blickte.« (Richard Wagner,
Bayreuth. II. Das Bühnenfestspielhaus zu Bayreuth, in: Gesammelte Schriften und Dich-
tungen von Richard Wagner, Bd. 9., Leipzig ³1898, S. 322–344, hier besonders S. 336.)

Kollegen sind meist sehr strenge Richter. Auch beeinflußte es manchmal
die Höhe der erwarteten »Verehrung« (im Höchstfall 30 fl.), ob der Komponist und Bittsteller geduldig den Ratschluß der Obrigkeit an Ort und Stelle
abwartete oder doch sein Opus persönlich abgegeben hatte oder ob er hof-
färtig einen Boten geschickt hatte. Das konnte übel vermerkt werden,
denn auch hier galt Bescheidenheit als eine Zier.

Sind sie also verdächtig, die Musiker? Haben die mißtrauischen, gewiß
auch neidischen Bürger und Untertanen recht? Natürlich waren letztere
nicht blind. Lassos und Wilhelms fröhliches Treiben auf der Trausnitz
über Landshut mit Ballspiel um Geld, mit Zechen und Schmausen blieb
nicht verborgen. Was Lasso an lockeren Texten zu lockeren Liedchen ver-
tonte, war nicht unbedingt das, was im Katechismus stand. Eifrigen Chri-
sten, vor allem den reformatorischen Neugläubigen, waren gewisse *chansons* ein Greuel.[34]

Eine ganz andere Tatsache wiegt allerdings erheblich schwerer. Der
Hauptteil der Hofangestellten muß sich als Gesinde bei der Anstellung
verpflichten, den Dienst getreulich und zuverlässig zu verrichten, nöti-
genfalls mit der Versicherung, über alles zu schweigen, was bis zu ihnen
an geheimen Dingen des Hofes durchsickert. Aber die Musiker haben
noch eine bedenkliche Besonderheit. Sie unterliegen einer Kapellordnung,
die es in dieser Weise für andere Bedienstete nicht gibt, die alles bedenkt,
was in Kantoreien passieren kann – und man hat darin wie ersichtlich
seine Erfahrungen. Ich zitiere auszugsweise ein paar Punkte aus einer
übrigens nicht-bayerischen, aber typischen Kantorei-Ordnung, wie sie
üblich war:[35]

1. Erstlich sollen sich vnsere Musici semptlich aller godttsehelikeit
    vnd Erbarkeit befleissigen vnd sich des fluechens, volsauffens vnd
    anderer leichtfertigen vngebuehr gentzlich enthalten.
2. Sollen sich vnsere Musici Christlich vnd einmuetigklich vnter ein-
    ander vertragen, einer dem andern zw keinem widderwillen oder

---

[34] Vgl. Mellange d'orlande de Lassus. Contenant plusieurs chansons... Desquelles la lettre
profane à este changée en spirituelle. P. Haultin, La Rochelle 1576 (RISM 1576k). Aus dem
Vorwort des Herausgebers J. Pasquier an den Widmungsträger Monseigneur de la Noüe:
»Com[m]e i'estois a deliberer a qui ie deuois addresser ceste partie des mellanges d'Orlande
de Lassus, auec la lettre changée & reformé en autre plus tolerable, & receuable entre
personnes vertueuses, que celle qu'au parauant on y souloit chanter: me representant l'in-
tegrité & pureté, de vos meurs, la constance & verité de voz propos, le plaisir aussy que i'ay
cogneus que preniez en toutes sciences liberalles: Et entre autres en la musicque, mesme-
ment d'Orlande, a cinq parties...«.
[35] Vgl. Ruhnke (wie Anm. 12), S. 169.
[36] Vgl. Ruhnke (wie Anm. 12), S. 99 ff.

vnfreundtschaft vrsach geben, vnd do einer oder mehr anders erfunden werden, sollen sie darvber … straff vnd vngnad gewertig sein.

3. Sollen sonderlich vnsere Jnstrumentisten einander nicht vnbillich nach eiffern, heimlich hinder hassen oder vbel nachreden, besonder einander fur gleiche gesellen halten, lieben vnd forderen.

4. Nachdehm alle vnsere Musici vnd Jnstrumentisten an vnseren Capellmeister gewiesen, sollen sie semptlich vnd ein ieder in sonderheit ihme auch gebuehrlichen gehorsam leisten, sich auch auf sein erfordern zwm auffwarten oder zwm exerciren alsballt an ort vnd stelle, dahin sie bescheiden werden, einstellen vnd solchs bey straff eines Orts fl. auff iede vormerckung nicht anders halten.

5. Auch soll vnser Capellmeister schuldig sein, vnsere Musicos vnd Instrumentisten alle wochen zwm wenigsten einmahl zw sich fordern vnd sich mit ihnen zw exerciren, damit sie sich kegen den auffwarten in Musiciren so viel besser gefast machen können.

8. Do sie im Musiciren ein stueck zw ende bracht, sollen sie stille zuechtig vnd heimlich sein vnd bey Tisch kein geschwetz oder geseüff treiben.

9. Auch sollen sie mit sonderen vleis darob sein, das sie im Musiciren keine saw machen, Do es aber geschiecht, soll ein iedes schuldiges teil ein Ortsguldens verfallen sein.

10. Do auch einer oder mehr in zeit, wan man auffwarten soll, betrunkken gefunden wirt, soll er iedes mahll einen halben gulden verfallen sein.

11. Es sollen auch vnsere Musici vnd Cantores, als baltt das Tischtuech auffgehoben wirdt, mit weiterem Musiciren einhalten vnd alle zw gleich still vnd zuechtig abegehen. Es wehre dan das sie von vnß zwm weiteren auffwarten befehlich erlangeten, als dan sollen sie sich dessen gemeß verhalten.

Diese Ordnung setzt also in ihren Ermahnungen, Geboten und Forderungen an erste Stelle Vorschriften für den sittlichen Lebenswandel, für die anscheinend nicht seltene Zwietracht unter den Musikern, zur Vermeidung handfester Rivalitäten untereinander, für den Gehorsam gegenüber dem Kapellmeister in bezug auf das Musizieren und das Üben, und immer wieder muß auf Ordnung und anständiges Benehmen hingewiesen werden. In anderen Kapellordnungen[36] werden die Musiker noch ausdrücklicher davor gewarnt, sich zu betrinken, Speisen zu stehlen oder sich in Küche und Keller des Hofes herumzutreiben. Um das zu wiederholen: Solche detaillierten, aufschlußreichen Vorschriften gibt es für andere Hofbedienstete nicht, obwohl auch sie z. T. in corpore dienen müssen. Bei keinem anderen Gesinde muß auf Lebenswandel und Sittlichkeit gedrungen werden. Andere Ordnungen müssen noch eigens betonen, daß die Musiker bei Gästen nicht betteln dürfen, sondern daß sie sich anfallendes Trinkgeld in vorgeschriebener Weise teilen sollen, wobei der Kapellmeister für sich und die Chorknaben zu bevorzugen ist. Nur was der einzelne Musiker sonst noch für sich zugesteckt bekommt, darf er auch für sich behalten. – Haben die gutbezahlten Musiker diese Bettelei und Rangelei um Trinkgeld nötig? Wenn man der erhaltenen Capellordnung von 1556 trauen darf, waren die Zustände – wenigstens damals – am Münchner Hof gesitteter. Allerdings ist die genannte Ordnung mehr auf den Kapellmeister und die Haltung und Erziehung der Chorknaben ausgerichtet.[37]

Dienstordnungen dieser Art werden nicht ins Blaue hinein gemacht, sie beruhen auf Erfahrung, und hier begegnet uns das Bild des leichtsinnigen, unzuverlässigen, nicht recht disziplinierten Musikers, der zuweilen seinen Dienst vergißt, um statt dessen an anderen Orten heimlich noch ein Zubrot zu verdienen. Johann Gottfried Walther merkt 1732 in seinem *Musicalischen Lexicon* maliziös an: cantores amant humores – Sänger saufen gern.[38] Oder man denkt auch an Claudio Monteverdi, der einmal von einem rüpeligen Musiker öffentlich vor der Kirche beschimpft und fast verprügelt wurde.[39] Das ist die Kehrseite der Medaille, wobei wir uns darüber im Klaren sind, daß solche Ärgernisse gewiß nicht die Regel waren, aber doch vorkommen konnten und daß vom Kapellmeister sehr

---

[37] Reformation vnnd Ordnung der Fürstlichen Bayrischen HofCapellen vnnd Canntorej zu München, vom 13. Mai 1556. Vgl. Geheimes Hausarchiv 1712 M I 35 und auch Fürstensachen 362/II, abgedruckt bei Wolfgang Boetticher, Aus Lassos Wirkungskreis. Neue archivalische Studien, Kassel etc. 1956, S. 69ff.

[38] Johann Gottfried Walther, Musicalisches Lexicon oder Musicalische Bibliothek..., Leipzig 1732 (Ndr. Kassel etc. 1963), Artikel Musica. Walther referiert u.a. die Ableitung des Wortes Musica »gar vom Egyptischen oder vielmehr Chaldäischen Wort moy, so Wasser heißen soll, und dem Griechischen echos, welches sonum bedeutet, und zwar darum, weil Thales Milesius (wie in Fragmento Censorini c.I. vorgesehen wird) das Wasser aller Dinge Anfang genennet... Etliche fügen, als eine neben-Ursache, noch folgendes hinzu: weil die Music ohne Feuchtigkeit nicht bestehen könne; allein, hierdurch wolle niemand das bekannte Sprüchwort: Cantores amant humores, entschuldigen oder rechtfertigen...« – Vgl. dazu aber auch H. C. Robbins Landon, 1791 – Mozarts letztes Jahr, Düsseldorf ²1992, S. 32, der einen Artikel aus der Allgemeinen Musikalischen Zeitung vom Oktober 1800 über das Musikleben in Wien zitiert und dann resümiert: »Der Artikel kam zu dem Schluß, daß die wirtschaftliche Lage eines Musikers in Wien alles andere als rosig sei. Musiker hatten einen schlechten Ruf, den sie sich mit ungehobeltem Benehmen und Mangel an Bildung selbst zuzuschreiben hatten; so wurden sie in den großen Häusern oft als Untergebene behandelt. Es gab natürlich Ausnahmen unter den Musikern und, wie der Verfasser hinzufügt, auch unter den großen Häusern. Natürlich hatten sich die Zeiten seit Mozarts Jugend, wo Musiker wie Diener behandelt wurden, geändert, aber es war immer

viel Autorität und Strenge gefordert wurde, um die unruhigen Musen-
söhne im Zaum zu halten. Und wie immer sind es natürlich die schlimmen Ausnahmen, die das Bild eines Standes oder einer Berufsgruppe in der
Öffentlichkeit bestimmen.

Daß das weiter oben angesprochene enge Verhältnis zum Herrscher tatsächlich zu einer fast freundschaftlichen Vertrautheit führen kann, zeigt
sich am deutlichsten bei Orlando di Lasso, dessen Briefe an den jungen
bayerischen Thronfolger, den späteren Wilhelm V., allerdings so exemplarisch freimütig sind in ihrer alle Standesschranken und -unterschiede
sprengenden Intimität, in ihrer Fäkal- und Sexualsprache, das ich es mir
hier versagen möchte, daraus zu zitieren. Auch diese Intimität ist ohne
Zweifel eine Ausnahme, aber es mag zwischen völliger Distanziertheit
und dieser Lockerheit verschiedenste Abstufungen gegeben haben.

Man hat dagegen ins Feld geführt, daß die Höhe ihrer Kunstfertigkeit,
des Künstlerischen, der genialen Begabung der großen Musiker durchaus
erkannt und anerkannt wurde, und daß diese daraus ihre Sonderstellung
abgeleitet hätten. Es sind gewiß nicht nur Freunde und Lohnschreiber, die
Lasso und andere als Fürsten der Musik anreden und feiern. Auch Lasso
selbst war sich seiner Stellung in der Welt der Musik zweifellos bewußt,
wenn er selbst von sich sagt:[40]

> Der ich mit verzückter Stimme
> Trotz' der Zeit, der Neider Grimme
> In nur mir verlieh'nem Ton.

noch möglich, in der Wiener Zeitung für den 23. Juni 1798 das folgende Inserat zu finden:
›Musikalischer Kammerdiener wird gesucht. Es wird ein Musikus gesucht, der gut Clavier
spielen, und anbey singen kann, um in beyden Lektion geben zu können. Dieser Musiker
müßte zugleich Kammerdieners Dienste thun. [...] Solange derartige Anzeigen erscheinen
konnten und solche Stellungen besetzt wurden, war es für einen Berufsmusiker schwer,
einer Behandlung als Dienstbote zu entgehen. Die ständige Vermengung von Berufs- und
Lieberhaberstatus, wie im Augarten ... und auch in vielen Privatsalons, trug jedoch dazu
bei, den gesellschaftlichen Status des Berufsmusikers weniger demütigend zu machen.«

39 Vgl. Denis Stevens, The Letters of Claudio Monteverdi, Translated and Introduced, Lon-
don-Boston 1980, Brief 125 vom 9. Juni 1637, S. 417–420.

40 Moy qui d'une voix ravie, / Combatz les ans, & l'envie, / D'un inimitable ton. Vgl. Leuchtmann I (wie Anm. 1), S. 279f. Diese Zeilen sind die erste Terzine der 2. Strophe einer Ode au
Roy de France Charles VIIII, die orlande de Lassus als Dichter angibt (Livre de chansons
nouvelles, Roy & Ballard, Paris 1571 (RISM 1571f)). Bisher, so lautet die 1. Strophe, habe
man sein Kunstwerk zur Verewigung des eigenen Namens einem großen Gott gewidmet.
Die 2. Strophe endet in der 2. Terzine mit der Versicherung: A qui fault il que j'adresse / La
Musique que je dresse / Si non au Grand Apollon! Dieser große Apoll ist natürlich der
junge, kunstbegeisterte französische König Karl IX., dem Lasso diesen Notendruck widmet. Es ist glaubhaft, daß Lasso einer königlichen Berufung nach Paris gern Folge geleistet
hätte; nur Karls früher Tod ließ diesen Ortswechsel scheitern.

Er dringt beim Kaiser darauf, das Druckprivileg für seine Werke persönlich
zu bekommen, damit er unbefugten Nachdruck gerichtlich verfolgen
kann – eine Forderung, die Herzog Wilhelm unterstützt und die der Kaiser
ihm wie vielen anderen Komponisten auch bewilligt.[41] Auch Lasso argu-
mentiert in der Begründung seines Antrags mit der Genauigkeit der Überlieferung seiner Werke, die er durch Rücksichtslosigkeit oder Schlamperei
der Drucker gefährdet sieht. Inwieweit damit handfestes Gewinnstreben
verbunden ist, wird uns nicht deutlich, weil wir die geschäftlichen Grundlagen des Druckens und Verlegens nicht kennen. Aber Lasso denkt dabei
nicht zuletzt an den dauernden Wert seiner Kompositionen, die ihn überleben sollen. Und er ist in dieser Vorstellung nicht der einzige. Die Komponisten des 16. Jahrhunderts treten aus früherer Anonymität oder doch
zurückhaltender Bescheidenheit heraus und präsentieren sich in ihren
Werken als schöpferische Menschen, die Bleibendes schaffen. Das *opus
perfectum*,[42] das bleibende Kunstwerk ist die neue Vorstellung. So hätten
sie sich mit der Standes- oder doch Rangbezeichnung Komponist eine Sonderstellung geschaffen, heißt es in manchen musikgeschichtlichen Darstellungen.[43] Da aber auch Lasso gern in diesem Zusammenhang genannt
wird, muß festgestellt werden, daß diese Behauptung für ihn keineswegs
zutrifft. Ich bin vielmehr der Meinung, daß solche Angaben in Aufstellun-
gen, Gesuchen oder Drucktiteln den Adressaten bzw. dem Publikum Auskunft darüber geben sollen, wer der Bitt- oder Antragsteller, der Ange-
schaffte bzw. Verfasser der vorgelegten Kompositionen ist. Eine Berufsbezeichnung, wenn sie angegeben wird, soll das Vertrauen der Adressaten

---

[41] Vgl. Pohlmann (wie Anm. 31), S. 183 ff. Lassos schriftlicher Antrag beim Kaiser hat sich
inzwischen gefunden; vgl. Henri Vanhulst, Lassus et ses éditeurs: remarques à propos de
deux lettres peu connues, in: Revue Belge de Musicologie / Belgisch Tijdschrift voor
Muziekwetenschap, vol. XXXIX-XL (1985–1986), S. 80–100.

[42] Diese anspruchsvolle Formulierung verdanken wir der Musica Nicolai Listenii (Wittenberg 1537, Nürnberg 1547), ausgerechnet einem Schulbuch, das allerdings nicht viel später
von der Pommerschen Schulbehörde abgeschafft wurde, weil es wegen der »vielen Spitz-
findigkeiten des alten Musikwissens« überflüssig war, »den Kindern zu schwer und
behende« und »für die zarte Jugend [durch] eine andere kurtze und leichtere Musicam«
ersetzt werden sollte. Vgl. Martin Ruhnke, Joachim Burmeister. Ein Beitrag zur Musik-
lehre um 1600, Kassel 1955, S. 18. Dieser etwas marginale Urheberanspruch, den der
Terminus erhebt, ist von der Musikwissenschaft beachtet und aufgegriffen worden. Vgl.
auch Peter Cahn, Zur Vorgeschichte des ›Opus perfectum et absolutum‹ in der Musikauf-
fassung um 1500, in: Klaus Hortschansky (Hg.), Zeichen und Struktur in der Musik der
Renaissance. Ein Symposion aus Anlaß der Jahrestagung der Gesellschaft für Musikforschung, Münster/Westfalen 1987 (Musikwissenschaftliche Arbeiten, hg. von der Gesellschaft für Musikforschung Nr. 28), Kassel etc. 1989, S. 11–26.

[43] Vgl. etwa Ludwig Finscher (Hg.), Die Musik des 15. und 16. Jahrhunderts, Bd. 1, Laaber
1989, S. 100 ff.

bzw. möglichen Käufer festigen. Und man muß zudem in Rechnung stellen, daß der Hofkomponist (stärker noch als der komponierende Hofkapellmeister) mit seinen Kompositionen seine Besoldung abarbeitet und verdient; d.h. nur mit besonderer Genehmigung darf er aus seinen Kompositionen, deren Anfertigung ja sein besoldeter Beruf ist, durch private Veröffentlichungen zusätzlich persönlichen Nutzen ziehen. Lasso bezeichnet sich auf keinem seiner Drucke, die mir untergekommen sind, je als Komponist im Sinne einer Rangbezeichnung. Er hat die Werke komponiert, sagt er höchstens, und das nicht einmal immer mit diesem Verb. Aber wenn er nicht nur seinen weithin bekannten Namen nennt – und der genügt durchaus für die meisten seiner Druckveröffentlichungen in den Niederlanden, Deutschland, Frankreich und Italien – dann bezeichnet er sich als Fürstlich bayerischen Kapellmeister. Komponist ist auch damals ein ungeschützter Titel, der noch nichts über Fähigkeiten aussagt. Kapellmeister eines bedeutenden Ensembles zu sein, bedeutet – damals wie heute – eine besondere Qualifikation. Daß der Kapellmeister bis hin zu Richard Wagner auch zu komponieren hatte, verstand sich von selbst. So ergibt sich fast der Eindruck, daß sich nur diejenigen »Komponisten« nannten, die eben keine entsprechende und qualifizierende Stellung dort hatten, wo sie angestellt waren oder eine Besoldung erhielten, also nicht Kapellmeister waren sondern eben nur komponierten. Wenn Lasso in Pariser Pensionslisten als königlicher Kammerkomponist[44] geführt wird, ist das keine Berufsbezeichnung, sondern ein Titel, der die Zuwendungen rechtfertigt. Wäre er Kapellmeister in Diensten des französischen Hofes, hätte man ihn gewiß mit dieser Berufsbezeichnung qualifiziert.

Wem soll man nun glauben: den Befürwortern der Genie-Theorie, nach der Musiker, besonders Komponisten, auf den Höhen der Menschheit wandelten, um mit Schiller zu sprechen, oder den Verfechtern der These, man habe nach den Künsten der Künstler verlangt, »doch mied man ihren Umgang«.[45] Es ist nicht zu leugnen, daß beide Ansichten ihre Beweise haben. Lasso selbst hat genügend Beispiele dafür gegeben, daß auch ein Unsterblicher durchaus Niederungen nicht scheut, die selbst heute – und das will etwas bedeuten – noch problematisch sind. Das ungebundene, z. T. liederliche Leben, besonders der fahrenden Spielleute, hat die seßhaften Bürger verschreckt und befremdet, vielleicht auch neidisch gemacht.

---

[44] Vgl. Pohlmann (wie Anm. 31), S. 21 ff. und Leuchtmann I (wie Anm. 1), S. 118 f. Ähnliche (sehr hohe) Pensionen bezogen auch die Dichter Ronsard, Dorat und de Baïf.
[45] Vgl. Hermann Schwedes, Musikanten und Comödianten – eines ist Pack wie das andere. Die Lebensformen der Theaterleute und das Problem ihrer bürgerlichen Akzeptanz, Bonn 1993, S. 13.

Derselbe Massimo Troiano,[46] dem wir einen grandiosen, ausführlichen
Bericht über die Hochzeitsfestlichkeiten in München 1568 verdanken, als
der Thronfolger Wilhelm die lothringische Prinzessin Renata heiratet, der
sich darum müht, nicht nur die adlige Gesellschaft feiernd vorzustellen,
was seines Amtes war, sondern auch die einzelnen Musiker als ebenbürtig
mit ihren Namen zu nennen, der es wagt, dem offiziellen Hochzeitsbericht, den Albrecht bei ihm bestellte, mit seinem eigenen Porträt als Frontispiz zu schmücken – eine auch heute noch immense Ungehörigkeit –
dieser Troiano, seines Zeichens Kapellaltist und Verfertiger hübscher
kleiner Villanellen, sollte zwei Jahre später vor den Toren von Landshut
einen Musikerkollegen erschießen. Waren sie also doch die Erben der
Spielleute, die man selbst in den virtuosen Kapellmusikern der weltlichen
und geistlichen Hofhaltungen wiedererkennen wollte? Ein Spruch aus
dem 14. Jahrhundert charakterisiert die verachteten Spielleute mit einem
krassen, bedenklichen Urteil:

> Der Spielmann ist auf Fraß und Geld und Kleid erpicht
> wer ihn verprügelt, tut seine Bürgerpflicht.[47]

Diese Verse sind einem Buch entnommen, das 1993 erschienen ist. Es will
die Lebensformen der Theaterleute und das Problem der bürgerlichen
Akzeptanz untersuchen und trägt den provozierenden Titel: *Musikanten
und Comödianten – eines ist Pack wie das andere.*[48] Diese Titelformulierung ist natürlich ein Zitat und bezieht sich auf Herzog Ernst von Sachsen-
Gotha, der sich im Jahre 1779 so unmutig geäußert haben soll. Damit soll
das gesamte Völkchen der Musiker gleich wo und der Schauspieler und
Opernsänger gleich wie gemeint sein.

Ich habe mich für meine nur abrißartige Darstellung an archivalische
Belege halten müssen. Bei der Durchsicht der bayerischen Hofkammer-
Protokolle des 16. Jahrhunderts ergab sich, daß im Gegensatz zu mancher
bösen Meinung die inländischen wie ausländischen Musiker, Spielleute
und Gaukler (soweit letztere überhaupt vorkommen) keineswegs krimi-
neller und straffälliger waren als die unkünstlerischen Angehörigen anderer Stände. Sie waren doch wohl im Durchschnitt brave Leute, z. T. große
Virtuosen auf ihrem Gebiet, mit all ihrer künstlerischen Lebhaftigkeit

---

[46] Vgl. meine Neuausgabe seines Hochzeitsberichtes als italienisches Faksimile mit deutscher Übersetzung und Kommentierung: Die Münchner Fürstenhochzeit von 1568. Massimo Troiano: Dialoge italienisch/deutsch, München-Salzburg 1980.
[47] J. Klapper, Fahrende Leute und Einzelgänger, in: W. Preßler, Handbuch der deutschen
Volkskunde, Bd. 1, Potsdam 1935, S. 146. Zitiert nach Schwedes (wie Anm. 45), S. 31.
[48] Vgl. Anm. 45.

und Fremdheit und Befremdlichkeit, besonders, wenn sie aus fremden Ländern kamen und andere Gebräuche pflegten. Man muß aber ebenso die Verunsicherung der damaligen Bürger und Untertanen verstehen, die sich in manchen Dingen benachteiligt fühlten. Schon die Höhe der Musikerbesoldungen mußte der Bevölkerung als maßlos und ärgerlich erscheinen. Ja man warf dem bayerischen Herzog vor, er habe mit dieser Protzerei dem Kaiser und den bürgerlichen Kaufleuten den Rang ablaufen wollen. Sei dem wie es wolle. Pauschal verketzern lassen sich die Hofmusiker ebenso wenig wie die Stadtmusikanten oder die fahrenden Fiedler. Sie waren allesamt keine Unschuldslämmer und Heiligen, aber auch nicht schlechthin Betrüger, Schwindler oder Verbrecher. Mancher ist ohne seine Schulden zu zahlen verschwunden, mancher wird sich manches herausgenommen

SEX CANTIONES LATI-
NÆ QVATVOR, ADIVNCTO DIA-
LOGO OCTO VOCVM.
Sechs Teutsche Lieder mit vier / sampt einem
Dialogo mit 8. stimmen.
Six chansons Francoises nouuelles a quatre voix,
auecq yn Dialogue a huict.
Sei Madrigali nuoui a quatro, con vn Dialogo
a otto voci.
Summa diligentia compositæ, correctæ, & nunc primúm in lucem æditæ,
AVTHORE
Orlando di Lasso, Illustriss: Bauariæ Ducis ALBERTI
Musici Chori Magistro.

TENOR.

Monachij excudebat Adamus Berg.
Cum gratia & priuilegio Cæf: Maieftatis.
M . D. LXXIII.
F.

18 »*Viersprachendruck*« *der* »*Sechs Teutschen Lieder*«, *München 1573, mit*
Widmung an Hans Jakob Fugger und die Brüder Marx, Hans, Hieronymus
(Bayerische Staatsbibliothek München)

haben. Und nicht alle genialen Begabungen waren tugendhaft und vorbild-
lich.

Was ihre soziale Stellung angeht, bildeten die Hofmusiker natürlich
keinen Stand für sich. Doch im Gefüge der Bediensteten genossen sie eine
Sonderstellung. Immerhin besaßen und besitzen sie noch heute eine Stan-
dessprache, eine Berufssprache, einen Sonderwortschatz, den der Brockhaus[49] sich nicht scheut eine Geheimsprache zu nennen und unschmei-
chelhafterweise mit der Gaunersprache zu vergleichen. Die Hofmusiker
waren gemeine Diener, Hofgesinde, in allem ihren Vorgesetzten untertan
und verpflichtet. Aber sie gehörten zu den bevorzugten Dienern, zur geho-
benen Dienerschaft, nicht aufgrund ihrer Bezahlung, sondern aufgrund
ihrer besonderen Begabung, aus der ihre hohe Besoldung resultierte. Und
diese Begabung hat sie oder doch viele von ihnen unsterblich gemacht. Ihr
Ruhm zu Lebzeiten gedieh in einer eigenen, imaginären Welt einer Kunst-
und Kulturgeschichte, die es damals noch gar nicht gab. Aber in dieser
Irrealität, in der sie lebten und die sie stützte und stärkte, waren sie von
der Rechtmäßigkeit ihres Anspruchs überzeugt. Und die Zukunft sollte
tatsächlich ihrem Anspruch in damals unvorstellbarem Ausmaß Recht
geben.

[49] Vgl. Der große Brockhaus, Wiesbaden [16]1957, Artikel Standessprachen.

Die Beziehungen der Fugger zu Musikzentren des 16. Jahrhunderts[*]

Von Konrad Küster

Ein Leben ohne Musik war für die Fugger anscheinend unvorstellbar, und so ist es nicht schwer, etwas über die Beziehungen der Fugger zur Musik zu sagen und Details sogar konkret auf Schlüsselpersonen zu beziehen. Dabei kann man insgesamt zunächst eigener Musikpraxis der Familienmitglieder begegnen; darüber hinaus erkennt man Beziehungen, die die Fugger zu einzelnen Musikerpersönlichkeiten ihrer jeweiligen Zeit unterhielten, und man sieht, welche Musiker sie konkret an sich banden. Das ist ein Betrachtungs-Ansatz, der nach den Personen fragt, und er führt bereits rein quantitativ zu bemerkenswerten Ergebnissen: Viele Fugger haben mit vielen Musikern Kontakt gepflegt.

Andererseits kann man auch einen strukturellen Zugang wählen: Stellt man etwa die Wirtschaftsbeziehungen der Fugger auf einer Karte dar, so erscheint das System, das sie damit errichteten, als flächendeckend – zunächst mit Blick auf Europa, aber zumindest theoretisch auch in den überseeischen Aktivitäten. Manche weiße Flecken verbleiben freilich auch in Europa; doch prinzipiell brauchten diese Beziehungen ja nur den Wirtschaftsströmen und den politischen Erfordernissen der Zeit angepaßt zu sein – mehr war nicht notwendig.

Die Feststellung dieser Präsenz im europäischen Staats- und Wirtschaftsleben kann man nun auf die Musik zu übertragen versuchen; man kann also eine Beziehung herstellen zwischen dem strukturellen wirtschaftshistorischen und dem personenbezogenen musikgeschichtlichen Ansatz. Die Frage also ist: Welche Folgen hatte die überregionale Präsenz der Fugger im Europa ihrer Zeit für ihre Musikpraxis? Welche Zusammenhänge gibt es zwischen der wirtschaftlich-politischen Tätigkeit des Konzerns und der Förderung von Musikern durch die Fugger? Schließlich: In welchem Ausmaß griffen die Fugger auch in das Musikleben der Orte ein, zu denen sie von Augsburg aus wirtschaftliche Beziehungen unterhielten?

[*] Vortrag am 13. Juli 1993 im Maximiliansmuseum.

Und hier ist das Ergebnis vielleicht nicht ganz so, wie man es erwartete. Zur Zeit Anton Fuggers[1] (1493–1560) sind handfestere Beziehungen noch gar nicht zu erkennen; und auch in späterer Zeit muß man sich eher Gedanken darüber machen, wie Beziehungen zustandekamen, als daß man aus dem Vollen schöpfen könnte.

Der Frage soll hier vor allem am Beispiel Venedigs nachgegangen werden, dem Verkehrskreuz südlich der Alpen, das somit in seiner verkehrsgeographischen Lage (und auch in seiner politischen Stellung, als Stadtstaat definiert zu sein) Augsburg im Alten Europa so ähnlich ist. Ohnehin ist Venedig unter den Orten, zu denen die Fugger nicht nur wirtschaftlich, sondern auch musikalisch überregionale Beziehungen unterhielten, einer, bei dessen Betrachtung man immerhin zu einigermaßen konkreten Ergebnissen gelangt, und zwar an der wichtigsten Institution des dortigen Musiklebens: an der Dogenkirche San Marco.

Musikbeziehungen – auf welcher Grundlage?

Damit ist angedeutet, daß die Betrachtung der Musikbeziehungen vielleicht schwieriger ist, als man üblicherweise annimmt. Und dies gilt auch für Venedig; deshalb sei zunächst folgendes festgestellt: Ein Handelsmann, der im venezianischen »Fondaco dei Tedeschi« aus- und einging, brauchte nicht allein schon deshalb genauer zur Kenntnis zu nehmen, was sich kulturell an diesem der Heimat fernen Ort abspielte, und daß er dann in das örtliche Musikleben eingegriffen hätte, indem er entsprechende Kontakte knüpfte, erscheint als eine weitere, aber bereits extreme Konsequenz. Wer diese hingegen nicht zieht, ist deshalb noch lange nicht ignorant; zunächst ist man ja in geschäftlichen Belangen unterwegs, und es ist klar, daß man auch das venezianische Musikleben zunächst aus den Eindrücken heraus begreift, die man mit sich trägt – und das ist das Musikleben, das sich in Augsburg abspielt. Auch Kulturförderung ist somit primär zu Hause in Augsburg sinnvoll. Unter welchen Bedingungen war dies aber auch außerhalb Augsburgs möglich – in Venedig und anderswo? Das sinnvollste Verfahren, diese Problematik aufzurollen, erschließt sich über die Musikaliendrucke, die sich mit der Fugger-Familie in Beziehung setzen lassen, und zwar in mehrfacher Hinsicht.

Erstens: Venedig war seit der Erfindung des Notendrucks durch Ottaviano Petrucci (1498 patentiert) weltweit das Zentrum des Notendrucks,

---

[1] Biographische Angaben für Mitglieder der Familie Fugger nach: Gerhart Nebinger und Albrecht Rieber, Genealogie des Hauses Fugger von der Lilie, Stammtafeln, Tübingen 1978 (Studien zur Fuggergeschichte 26).

und zwar für rund zwei Jahrhunderte, bis vor allem Drucker in Amsterdam um 1700/1710 in dieser Hinsicht der Lagunenstadt den Rang abliefen. Notendruck etablierte sich zwar im 16. Jahrhundert auch an anderen Orten in Europa, im süddeutschen Raum vor allem in Augsburg, München und Nürnberg. Doch italienische Drucke galten noch für längere Zeit als etwas Besonderes. Drucke, die in Venedig veranstaltet wurden, haben daher nicht primär etwas mit venezianischer Musikpraxis zu tun; ein extremes Beispiel bietet etwa der Kapellmeister des Bischofs von Gnesen, Mikołai Zielenski, der 1611 nach Venedig reiste, um das ortsübliche Gnesener Repertoire an Meß- und Psalmkompositionen in Druck zu geben. Unter solchen Bedingungen informiert ein venezianischer Notendruck also eher über den internationalen Anspruch, den irgendjemand damit verband, als darüber, welche Musik man als venezianisch einzustufen hätte. Und so bietet auch schon die Ortsangabe »Di Venetia« auf dem Titelblatt eines Musikaliendrucks, der etwa mit den Fuggern in Verbindung gebracht werden könnte, einen wichtigen Indikator für deren musikalisches Selbstverständnis – zumal ihnen eben in Augsburg ein etabliertes Musikdrucker-Wesen praktisch vor der Haustür lag und ein Abrücken von den Kontakten zu dem lokal vorhandenen Wirtschaftszweig nicht selbstverständlich gewesen wäre.

Die zweite Information, die sich mit Musikdrucken verbindet, ergibt sich aus den Widmungen: Woher kommen die Komponisten, die einem Fugger-Familienmitglied einen Musikaliendruck dedizierten – in welchem Ausmaß sind Venezianer darunter? Um die Bedeutung dieser Information einschätzen zu können, muß man freilich auch danach fragen, wo die übrigen Musiker (also die Nicht-Venezianer) tätig waren und wie sich die venezianischen Beziehungen interpretieren lassen.

Für die dritte Information, die die Drucke bieten können, muß man etwas ins Detail gehen. Die Notendrucke der Zeit wurden mit einem Typendruck-Verfahren hergestellt – entsprechend dem Umgang mit Lettern, den Johannes Gutenberg im Buchdruck eingeführt hatte. Im Notendruck mit Lettern zu arbeiten ist sehr aufwendig; und was aufwendig ist, kostet viel Geld. Vor allem junge Komponisten konnten es sich kaum leisten, Noten aus eigener Initiative in Druck zu geben; die Drucker, zwischen denen sich im 16. Jahrhundert eine scharfe Konkurrenz ergab, konnten sich auf finanzielle Abenteuer nicht einlassen. Gedruckte Noten waren so teuer, daß man nur kaufte, was man unbedingt in gedruckter Form brauchte – viel eher verschaffte man sich handschriftliche Kopien (natürlich auch solche, die auf einer gedruckten Quelle basierten). Dies hatte mehrere Konsequenzen. Zunächst blieben gedruckte Noten viel

eher erhalten als die billigeren handschriftlichen; man hatte ein Bewußtsein dafür, daß gedruckte Noten ein Wertstück waren, das man aufbewah-
ren mußte, etwa ebenso wie die alten Pergamenthandschriften (deshalb
basiert unsere Kenntnis noch von vielen kleineren Komponisten des 18.
Jahrhunderts primär auf Drucküberlieferung). Das nun ist der Wert-
aspekt; der Kostenaspekt hingegen führte zuvor dazu, daß Verfasser und
Drucker daran interessiert waren, was auch heute bei riskanten Druck-
projekten ins Auge gefaßt wird: ein Druckkostenzuschuß (am besten läßt
man den Druck gleich ganz von einem Sponsor fördern). Im modernen
Kultursponsoring ist es üblich, daß das Firmenzeichen des Förderers im
Zusammenhang mit dem geförderten Produkt auftaucht. Dank dieser
Situation ist man am Ende des 20. Jahrhunderts viel eher als etwa der
Mensch vor hundert Jahren in der Lage zu begreifen, was hinter den Dedi-
kationen in alten Musikdrucken steckt: nicht die romantische Hingabe
des einzelnen Komponisten zu einem hochgestellten Widmungsempfänger oder allein sein Stolz, seinen Namen mit dem etwa eines Adligen in
Verbindung bringen zu können. Eher erhält man hier in zahlreichen Fällen
eine Information über das Druck-Sponsoring – demjenigen, der zahlte,
widmete man den Druck. Tatsächlich konnte dort der Stolz mitschwin-
gen, als Komponist sich in den Kreis der Musiker zu begeben, die zu einer
hochgestellten Persönlichkeit Kontakt hatten; doch fast noch wichtiger
ist, daß der Widmungsempfänger sich damit ein bescheidenes eigenes
Denkmal finanzieren konnte, also ganz ähnlich wie im Sponsoring heute.
Druck-Widmungen an die Fugger informieren also nicht nur darüber, zu
welchen Musikern die Fugger Kontakt hatten; prinzipiell informieren sie
auch darüber, für wen sie Geld ausgaben, nicht zuletzt, um sich mit dem
Ertrag selbst zu schmücken.

    Somit ist es ein erster Schritt, nach Venedig als Druckort von ›Fugger-
Musik‹ zu fragen; ein zweiter ist es, die ›gesponsorten‹ Musiker danach zu
unterscheiden, woher sie kamen. Ergebnis hiervon könnte eine Information über den Anspruch der Musikförderung sein: Unter welchen Verhält-
nissen gingen die Fugger darauf ein, einen venezianischen Druck zu fördern? Und drittens: Welche Veranlassung hatten die Fugger, auswärtige
Musiker aktiv zu unterstützen? Oder anders gefragt: In welcher Form
lösten die Fugger ihr Musik-Sponsoring von der Heimatstadt Augsburg ab,
in welcher Form nutzten sie die Chancen, sich auch im italienischen
Raum – aus dem venezianischen Notendruck heraus – ein Denkmal zu
setzen? Klar ist: Mit dieser Frage löst man sich von der Betrachtung einzelner Musikerpersönlichkeiten ab; im Grunde genommen berührt man
damit am Beispiel der Musik die Frage, inwiefern sich die internationale

wirtschafts- und staatspolitische Funktion der Fugger auch zu einer kulturpolitischen wandeln konnte. Im weiteren Verlauf begegnet man dabei auch einer inhaltlichen Frage: Förderten die Fugger weltliche Musik – und wenn ja, förderten sie, wenn es um Venedig ging, auch Drucke mit Vertonungen italienischer Texte? Oder galt ihr Interesse dann eher dem international verständlichen Latein?

Hans Jakob Fugger in Augsburg, Antwerpen und München

Greift man aus einer Liste von Drucken, die den Fugger gewidmet wurden[2] (also wohl zumindest von diesen mitfinanziert wurden), den ältesten heraus, so trifft er die Erwartungen, die man haben kann, in umfassender Weise. Es handelt sich um einen Druck geistlicher Musik aus dem Jahr 1545; Verfasser ist Sigmund Salminger, der seit 1537 als Schulmeister und Stadtpfeifer in Augsburg wirkte.[3] Druckort ist ebenfalls Augsburg; Widmungsempfänger ist Anton Fuggers Neffe Hans Jakob (1516–1575).

Bei diesem Ereignis, das das Wirken des noch nicht einmal Dreißigjährigen von vornherein als etwas Außergewöhnliches auszeichnet, blieb es allerdings nicht; doch Hans Jakob Fuggers spätere Einflußnahme auf die musikalische Situation spielte sich im wesentlichen fern von Augsburg ab. Bemerkenswert ist zunächst sein Wirken in Antwerpen als Mitbesitzer der dortigen Handelsfaktorei: Anscheinend von dort aus setzte er sich dafür ein,[4] daß der Münchner Hof 1556/57 Orlando di Lasso engagierte – zunächst als Tenorist (seit 1562/63 als Hofkapell-Chef).[5] Lasso, gebürtiger Hennegauer, war zuvor in Paris und Italien tätig gewesen und war eine der ausstrahlungsreichsten Persönlichkeiten in der europäischen Musik seiner Zeit; in der Suche nach passenden Kapellmitgliedern engagierte sich

---

[2] Zuletzt Franz Krautwurst, Die Fugger und die Musik, in: Renate Eikelmann (Hg.), »lautenschlagen lernen und ieben«. Die Fugger und die Musik, Augsburg 1993, S. 41–48, hier S. 47f.

[3] Für biographische Grundinformationen vgl. die Personenartikel der einschlägigen Musiklexika: Friedrich Blume u. a. (Hg.), Die Musik in Geschichte und Gegenwart, 17 Bde., Kassel etc. 1949–86; Stanley Sadie (Hg.), The New Grove Dictionary of Music and Musicians, 20 Bde., London 1980. Für bibliographische Angaben zu den Drucken sei verwiesen auf: Répertoire International des Sources Musicales, Serie A/I: Einzeldrucke vor 1800, Kassel 1971 ff.

[4] Teilabdruck in: Adolf Sandberger, Beiträge zur Geschichte der bayerischen Hofkapelle unter Orlando di Lasso, 3 Bücher, drittes Buch: Dokumente, Leipzig 1895, S. 304. In Sandbergers »Brief 2« wird Hans Jakob Fugger dahingehend zitiert, »orlando dela sus [habe] meim sun Dauid« Motetten komponiert; festzuhalten ist, daß keiner seiner Söhne David hieß, vgl. Beitrag Leuchtmann, Anm. 2 in diesem Band.

[5] Horst Leuchtmann, Orlando di Lasso, Bd. I: Sein Leben, Wiesbaden 1976, S. 47.

neben Hans Jakob Fugger auch der Reichsvizekanzler Georg Sigmund Seld[6]. Hans Jakob Fuggers Verbindungen zum bayerischen Hof brachten ihm dort selbst ein musikbezogenes Engagement ein: 1565 wird er zum dortigen Musikintendanten bestellt.

Durch Hans Jakob Fuggers Wirken weitet sich also der Horizont, in den die ›Musikpolitik‹ der Fugger gefaßt werden kann: Erstmals wird erkennbar, daß ein Mitglied der Familie weit von Augsburg entfernt auch in musikalischer Hinsicht den Standortvorteil ausschöpft, den diese aufgrund ihrer Handelsbeziehungen hat. Dennoch muß man bedenken, daß dieses Wirken Hans Jakob Fuggers in einem ›außerfamiliären‹ Interesse erfolgte: zunächst als Suche nach Musikern für einen deutschen Fürstenhof, später als Wirken in dessen Dienst. Daher lassen sich die Lasso-Kontakte auch nicht von vornherein so interpretieren, daß die Fugger nun einen großen Schritt vorwärts in ihrer familiären Musikpolitik getan hätten. Dennoch konnten die Musikbeziehungen der Fugger in zweiter Linie durchaus von der neuen Situation profitieren, wie ein Ereignis von 1573 zeigt: Lasso widmet Hans Jakob Fugger sowie dessen Vettern Hieronymus, Hans und Marx (Söhne Anton Fuggers), den sogenannten »Viersprachendruck«, eine Sammlung mit je sechs Gesängen in vier verschiedenen Sprachen: sechs deutschen, sechs italienischen, sechs französischen und sechs lateinischen. Druckort ist München.

Augsburg, München und Nürnberg: Das ist das Spektrum der Druckorte von ›Fugger-Musik‹ noch bis 1582; und man sollte eben konstatieren, daß alles andere zunächst einmal nicht naheliegend gewesen wäre. Alle Drucke mit Ausnahme des erwähnten Lasso-Mischdrucks enthalten lateinische geistliche Vokalmusik. Sonderbar mag allenfalls sein, daß 1578 die Brüder Hans und Marx Fugger einen Druck deutscher weltlicher Vokalmusik unterstützten, der im thüringischen Mühlhausen erschien: deutsche Lieder von Johann Eccard. Doch bei näherer Betrachtung ist daran überhaupt nichts erstaunlich. Eccard, gebürtiger Mühlhäuser, hatte lediglich einen Drucker seiner Vaterstadt mit den technischen Arbeiten betraut; er war 1571–73 Musiker in der Münchner Hofkapelle gewesen, hatte dort Lassos Unterricht genossen und war offenbar von dort abgeworben worden: Gerade zu dieser Zeit, 1577/78, stand er in Diensten Jakob Fuggers (1542–1598), eines weiteren Sohns von Anton Fugger. Somit bestätigt auch Eccard die Dimensionen, die die Fuggersche Musikpolitik in der Zeit bis dahin hatte: Man förderte das Musikleben in Augs-

---

[6] Leuchtmann, Orlando di Lasso (wie Anm. 5), S. 46, 99–107; Abdruck der Seld-Briefe S. 302–307.

burg; man stand in Kontakt zur Münchner Hofmusik, die durch Lasso internationale Bedeutung hatte.

Hans Fugger und der Augsburger Reichstag 1582

Als um so erstaunlicher erscheint dann aber das, was sich 1582/83 ereignete: Erstmals erscheint der Name Fugger (italianisiert) in Musikalien venezianischer Drucker; erstmals handelt es sich um Drucke, in denen ausschließlich weltliche italienische Vokalmusik enthalten ist. Und dennoch tun sich damit nicht so recht Beziehungen nach Italien auf (schon gar nicht nach Venedig). Von den Musikern, um die es geht, war keiner ein Italiener, sondern beide gebürtige Flamen: Philipp de Monte stammte aus Mecheln, Karel Luython aus Antwerpen – also ähnlich wie Orlando di Lasso. Monte und Luython waren Musiker am Kaiserhof Rudolfs II. in Prag, Monte als Kapellmeister, Luython als Organist. Der aktuelle Ursprung dieser Musikerkontakte läßt sich präzise bestimmen: Der kaiserlich Prager Musiker Luython datiert die Dedikation zu dem in Venedig hergestellten Druck am 30. September 1582 in Augsburg, und zwar während seines dortigen Aufenthalts im Rahmen des Augsburger Reichstags. Auf dieses Ereignis spielt auch Monte an, indem er in der Vorrede seines Druckes von 1583 schreibt, er habe letztes Jahr in Augsburg neuerlich »tanta humanità« genossen, so viel Menschlichkeit. Somit treten neue Faktoren in die Musik-Kulturpolitik der Fugger ein: musikalische Kontakte nun nicht mehr nur zum Münchner, sondern auch zum kaiserlichen Hof, zudem nicht nur als Kontakte zu internationaler Musik, sondern als eine Funktion unmittelbar in dieser. Dennoch baut auch dieses »Neue« auf alten Traditionen auf, nämlich auf den musikalischen Interessen von Familienmitgliedern, die am Handelsstützpunkt Antwerpen wirkten.

Beide Autoren verweisen darauf, mit den Fuggern seit längerem gut bekannt zu sein, und beide benennen dies relativ konkret. Luython verweist darauf, daß er schon »in diversi tempi« von dem Widmungsempfänger, von Anton Fuggers Sohn Hans (1531–1598), dem Vetter des bayerischen Musikintendanten, »molte gratie« genossen habe, also vielfache Gnade zu unterschiedlicher Zeit, und er bezieht dabei auch seinen Vater ein, Claude Luython, der als Rektor der Antwerpener Lateinschule wirkte. Und Philipp de Monte holt ähnlich weit aus: Rund 30 Jahre zuvor, 1554/55, hatte er – kurzzeitig aus seinen italienischen Wirkungsorten in die flämischen Lande zurückgekehrt – bereits ebenfalls Kontakt zu Hans Fugger gehabt. Um die gleiche Zeit entstehen die Verbindungen Hans

Jakob Fuggers zu Lasso, der ebenfalls – aus ungeklärten Gründen[7] – nach den Niederlanden gereist war. Daß die Reisemotive Montes und Lassos einander ähnelten (zumal im Vorfeld der Abdankung Karls V.), ist nicht auszuschließen.

Somit scheint der Augsburger Reichstag 1582 lediglich alte Kontakte neu gefestigt zu haben, die über Bekanntschaften aus der Fugger-Faktorei Antwerpen zu Musikern am ohnehin geschäftlich naheliegenden kaiserlichen Hof bestanden. Das Neue liegt darin, daß italienische weltliche Vokalmusik, daß Drucke kaiserlicher Musiker und daß Drucke in Venedig gefördert werden können. Dennoch: Von einem Eingreifen ins venezianische Musikleben ist man noch weit entfernt. Alles ist zunächst auf das Wirken Hans Fuggers zentriert, der damit eine ähnliche Schlüsselstellung übernimmt wie in den Jahren zuvor sein Vetter Hans Jakob (1575 gestorben). Neu ist aber, daß Hans Fugger sein Wirken nicht mehr auf einen außenstehenden Auftraggeber ausrichtet, sondern selbständig agiert – nicht also im Interesse eines Dritten, sondern ›nur‹ als Fugger.

Familie Gabrieli und die ›italienische‹ Musikkultur der Fugger

Die tatsächlich ersten handfesten Kontakte zwischen den Fuggern und dem, was man als venezianisches Musikleben begreifen kann, ergeben sich daneben möglicherweise nochmals nicht auf der Handelsachse Augsburg-Brenner-Adria, sondern über die Musik am Münchner Hof. Hofkapellmeister Lasso hatte dorthin Musiker auch aus Italien angezogen: 1562 gehörte Andrea Gabrieli zu seinem Musik-Stab, als der bayerische Herzog Albrecht V. zur Krönung Kaiser Maximilians II. nach Frankfurt reiste; Andrea Gabrieli wurde zwei Jahre später, 1564, Organist an San Marco in Venedig. Und auch sein Neffe Giovanni, der später die Stelle seines Onkels an der Kirche des venezianischen Dogen übernahm, wirkte in München, und zwar in der Zeit um 1575/79.

Mit den Gabrieli-Kontakten nach München und den Geschehnissen in der Folge des Augsburger Reichstags (1582/83) verschieben sich allmählich die Grundlinien der Fugger-Musikförderung; die Änderung ist neuerlich an den den Fuggern gewidmeten Drucken erkennbar, und zwar auf der ganzen Breite der denkbaren Indikatoren. Folglich bilden fortan die weltlichen italienischsprachigen Werke einen wesentlichen Schwerpunkt der ›Fugger-Drucke‹ (also dessen, was offenkundig gefördert wird), der Druck-

---

[7] Leuchtmann, Orlando di Lasso (wie Anm. 5), S. 96.

ort Venedig nimmt eine wesentliche Position neben den traditionellen süddeutschen ein, und es gibt nun tatsächlich auch in Italien wirkende Musiker, die mit den Fuggern auf diese Weise Kontakt haben. Andererseits: Die Fragen können nicht auf die Musiker selbst beschränkt werden; vielmehr hat man nun besonders zu überlegen, welche Fugger-Familienmitglieder diese kulturellen Kontakte überhaupt aktiv mittrugen. Und schließlich, fast noch wichtiger als die Frage der über die Drucke greifbaren Kontakte: Die Kontakte der Fugger zu den Gabrielis wirken in die Tiefe.

Haßler und Aichinger: Fugger-Musiker

Zunächst zu diesem letzten Aspekt. Vielleicht aufbauend auf nunmehr direkt-venezianischen Kontakten zu Andrea Gabrieli, wollten die Fugger zumindest in einzelnen Zweigen wohl bei sich auch in Augsburg venezianischen Musikstil pflegen. Sie ließen sich einen Musiker vermitteln, der den Unterricht Andrea Gabrielis genossen hatte: Hans Leo Haßler. Dieser, aus Nürnberg stammend, hatte offenbar von dort aus eine Italienreise gefördert bekommen; daher ist anzunehmen, daß die Fugger für die Kosten einzustehen hatten, als sie Haßler in ihre Dienste nahmen. Haßler wurde im Januar 1586 Kammerorganist bei Octavian Secundus Fugger – und damit wurde er zu einem ersten typischen Fugger-Musiker. 1590 widmete er hingegen Christoph Fugger seine *Canzonette*, die als Frucht des Italienaufenthalts anzusehen sind und die deshalb weder in ihrer Drucklegung noch aber in ihrem Zustandekommen ohne Fugger-Unterstützung denkbar sind. In Fuggerschen Diensten blieb Haßler bis zum Tod Octavian Secundus Fuggers im Jahr 1600; Haßler kehrte in seine Heimatstadt Nürnberg zurück. 1601, kurz nach dieser Rückübersiedlung widmete er der Stadt einen Druck geistlicher Gesänge; diese Werke spiegeln folglich Haßlers kompositorische Praxis zu dem Zeitpunkt, als er aus Augsburg fortzog, selbst wenn nun ein Widmungs-Zusammenhang mit Nürnberg besteht, und sie bestätigen, daß jenes Fugger-Musikleben nun einen ›venezianischen‹ Anstrich haben sollte.

In Haßlers erstem Fugger-Druck ist ein achtstimmiges Madrigal enthalten, *Donna de miei pensieri*: Es ist in besonderer Weise an Christoph Fugger gerichtet, indem es für dessen Hochzeit mit Maria von Schwarzenberg geschrieben ist: Der damals 23jährige heiratete die 17jährige Gräfin im Jahr 1589. Doch Haßler war nicht der einzige, von dem sich aus einem derart italienisch beeinflußten Druck ein Werk für diese Hochzeit nachweisen läßt; auch der andere typische Fugger-Musiker, Gregor Aichinger, widmete Christoph Fugger und seiner Braut Maria ein (siebenstimmiges) Madrigal, *Ben piu di mille strali indarno spesi*. Auch in der Musik zu jener Hochzeit läßt sich also die plötzliche Bedeutung italienischsprachiger Vokalmusik für die Fugger erkennen; Christoph Fugger war ein Sohn Hans Fuggers, so daß sich ein Traditionsbezug innerhalb eines speziellen Familienzweigs zeigt.

Für Aichinger muß man im übrigen etwas weiter ausholen. Er ist ein erster Musiker, dessen Laufbahn radikal anders auf die Fugger zuführt als in allen bisherigen Fällen. Geboren 1564/65 in Regensburg, war er seit November 1578 an der Universität Ingolstadt immatrikuliert; möglicherweise war er zuvor in München als Kapellknabe unter Lasso tätig gewesen, möglicherweise war er von dort zu den Fuggern in Kontakt gekommen und hatte vor seiner Immatrikulation eine Zeitlang in fuggerschen Diensten zugebracht. 1584 scheint er jedenfalls einen Italienaufenthalt angetreten zu haben – kurz nach seiner Bestallung als Organist an der von Eusebius Amerbach gebauten Fugger-Orgel in St. Ulrich. Das braucht nicht zu verwundern: Normalerweise vereinbarte man Anstellungen vor derartigen Unterrichts-Reisen, um sich wechselseitig über die nachmaligen Dienstverhältnisse im Klaren zu sein. Anders als Haßler wurde dieser Unterricht, für Aichinger als gewissermaßen in der Wolle gefärbten Fugger-Bediensteten, wohl bereits direkt von den Fuggern finanziert; erteilt wurde der Unterricht nun von Andrea Gabrielis Neffen Giovanni, den Aichinger 1590 im Druck seines ersten erhaltenen Werks auch namentlich als seinen Lehrer erwähnt. Aichingers Aufenthalt war spätestens 1588 zu Ende; damals immatrikulierte er sich neuerlich in Ingolstadt, und zwar nun im Gefolge Georg Fuggers (Sohn Jakob Fuggers).

Wer jenes erste Druckwerk Aichingers beschreiben will,[8] tut sich in der Regel mit der Titelformulierung schwer – indem man üblicherweise nur die beiden Anfangswörter zitiert: »Sacrae cantiones«. Damit scheint Aichinger auf der gleichen Bahn fortzufahren, die sich für die Fuggersche Musikförderung auch der Jahrzehnte zuvor feststellen läßt: Geistliche Vokalmusik steht im Vordergrund. Doch der Titel ist noch weiter zu zitieren: »Cum quibusdam alijs quae vocantur Madrigali« (»mit einigen anderen, die man Madrigale nennt«). Und unter diesen befindet sich jenes siebenstimmige Madrigal für Christoph Fugger.

Aichinger wurde Organist an der Fuggerorgel St. Ulrich in Augsburg. Später wurde ihm eine zweite Italienreise finanziert, die ihn sicherlich

---

[8] Zu Aichinger und den weiteren Schülern Giovanni Gabrielis vgl. Konrad Küster, Opus primum in Venedig: Traditionen des Vokalsatzes 1590–1650, Laaber 1994, S. 11–40.

auch nochmals nach Venedig führte, hauptsächlich aber nach Rom; sie fand etwa 1598–1601 statt. In der nachfolgenden Zeit erfassen Aichinger-Widmungen weite Fugger-Familienzweige; sie sind fortan freilich keine auf Venedig bezogenen Maßnahmen, sondern die Fugger haben die Venedig-Kontakte dazu genutzt, um ein neues Augsburger Musikfundament zu etablieren.

Dies allerdings scheint eine Spezialidee einer einzigen Fugger-Persönlichkeit gewesen zu sein: Jakob Fuggers, Sohn Anton Fuggers. Mit seinem Namen jedenfalls verbinden sich in der Zeit um 1590 die Kontakte der Fugger zu Giovanni Gabrieli: Ihm widmet Gregor Aichinger seine – eben nicht nur geistlichen – *Sacrae cantiones*; ihn bezeichnet Aichinger im Vorwort des Drucks als seinen Mäzen, und bei ihm ist er als Organist angestellt. Jakob Fugger scheint auch die konkrete Verbindung zu Giovanni Gabrieli hergestellt zu haben: Mitten in der Zeit, in der Aichinger in Italien gewesen sein muß, widmet Giovanni Gabrieli Jakob Fugger die *Concerti*, eine Werksammlung, in der er den musikalischen Nachlaß seines Onkels mit einigen Eigenkompositionen abrundet. Daß sich die Venedig-Aktivitäten derart auf eine Einzelperson konzentrieren lassen, ist bemerkenswert – und wichtig für den Fortgang der Betrachtungen. Denn die einzige Person neben Jakob Fugger, die am ehesten Aktivitäten in Venedig erkennen läßt, ist sein Bruder Hans, dem Luython und Monte ihre eben nur in Venedig gedruckten ›Reichstags-Musiken‹ gewidmet hatten.

Folgen in Italien

Diese Beobachtung liefert die entscheidenden Informationen dafür, in welches Spektrum man die Beziehungen zum Musikleben an San Marco einzuordnen hat – und dies sei Anlaß für ein Zwischen-Resümee. Bis 1582/83 wäre die Musik-Förderung der Fugger, sofern sie an einem Ziel in Italien ansetzen sollte, auf Aktivitäten der Fugger selbst angewiesen gewesen. Nur die Fugger selbst konnten Ideen entwickeln, wen sie fördern wollten und wen nicht, und sie sahen keine konkrete Notwendigkeit, dies in Italien zu tun (angesichts des Geschilderten kann man durchaus fragen: Warum auch?). Das heißt: Das letztlich auch für unsere Zeit typische Mäzenatentums-Verfahren, daß man als Künstler einen Antrag auf Förderung stellt und dann einen (hoffentlich positiven) Bescheid abwartet, konnte von Italien selbst aus nicht funktionieren; die Existenz der Fugger als Förderungs-Unternehmen für Musik war in dieser Form offenkundig unbekannt. Anscheinend wäre Voraussetzung gewesen, daß man in Ita-

lien Musikdrucke kennen konnte, in denen der Name Fugger auftauchte.
Das aber ergab sich erst in den nun folgenden Jahren: Nachdem die beiden
kaiserlichen Musiker ihre Fugger-Drucke in Venedig publiziert hatten
und die beiden Jakob-Fugger-Widmungen vorlagen (die Gabrieli-*Concerti*
und die Aichinger-Unterrichtsfrucht), entstand im italienischen Musikleben ein Bewußtsein dafür, daß es die Fugger überhaupt gab. Dies zeigt
sich am Verhalten eines der in dieser Hinsicht wohl aggressivsten Musikers seiner Zeit: Orazio Vecchi. Dieser trat als Verfasser von Madrigalko-
mödien hervor, einer Vorform der Oper, in der die vertonten Texte in
mehrstimmigem Satz (anstatt später einstimmig-rezitativisch) erklingen.
Er ist der erste, der tatsächlich und eindeutig aus Italien den Fugger-Kon-
takt aufnimmt, und er datiert ebenfalls noch 1590 die Widmung seiner
Selva di varia ricreatione – natürlich an die einzigen Fugger, die er aus der
Druckpraxis heraus kennt, nämlich an Antons Söhne Hans und Jakob. In
welchem Konzept dies aufgeht, zeigt sich in der benachbarten Zeit: Nachdem Vecchi schon 1583 dem polnischen Adligen Albert Radziwill sechs-
stimmige Madrigale gewidmet hatte, geht ein *Convito musicale* 1597 an
Erzherzog Ferdinand; und als um 1600 der dänische König Christian IV.
intensive Kontakte zum venezianischen Musikleben knüpft (besonders
zu Gabrieli), ›interveniert‹ Vecchi und widmet dem Dänen den Druck seiner Madrigalkomödie *Le veglie di Siena*. Vecchi wirkte in Modena und
Umgebung; anscheinend waren seine Kontakte auch nach Venedig so gut,
daß er abschätzen konnte, mit wessen dortigen Aktionen er in Konkurrenz treten konnte – gerade der Fugger-Fall und der des Dänenkönigs sprechen hier eine eindeutige Sprache.

Lasso hatte italienische Stellungen verlassen und war nach München
gezogen; Giovanni Gabrieli hatte in München gewirkt und war offenkundig daran interessiert, die Kontakte in den Raum nördlich der Alpen auf-
rechtzuerhalten, und Vecchi scheint versucht zu haben, mit Gabrieli
zumindest in gewisser Weise gleichzuziehen. Aus dem italienischen
Musikleben heraus scheint es folglich in der Zeit kurz vor 1600 eine aus-
geprägte Nord-Orientierung gegeben zu haben, die man üblicherweise
kaum wahrnimmt. Gerade aus dem venezianischen Musikleben heraus
setzt sie sich in späterer Zeit fort, indem etwa 1617 der Organist an San
Marco, Giovanni Battista Grillo, dem Erzbischof von Köln eine Sammlung geistlicher Werke widmet, ebenso im gleichen Jahr der Organist an
S. Stefano, Agostino Diruta, dem Erzkanzler des deutschen Reiches und
Erzbischof von Mainz, Johann Schweickart von Kronberg.[9]

---

[9] Vgl. Küster, Opus primum in Venedig (wie Anm. 8), S. 63–68.

Giovanni Gabrieli und Orazio Vecchi bleiben die einzigen ›echten‹ Italiener unter denjenigen, die den Fuggern Musikdrucke widmeten. Schon bei Tiburtio Massaini liegen die Dinge anders, als er seine 1592 in Venedig gedruckten *Sacrae cantiones* dem offenkundig italienisch orientierten Brüderpaar Jakob und Hans Fugger widmet: Massaini ist damals als kaiserlicher Musiker in Prag tätig, ebenso wie zehn Jahre zuvor Monte und Luython. Doch auch ein weiterer Bruder, Marx Fugger, wird einbezogen, und mit Blick auf dessen Familie wird nun der eingeschlagene Weg fortgesetzt. Das nächste Werk, das Giovanni Gabrieli in Druck gibt, wird eben den vier Söhnen des Marx Fugger gewidmet, Georg, Anton, Philipp und Albrecht; es handelt sich um Gabrielis *Sacrae Symphoniae* von 1597.

1597/98: ein Wendepunkt?

Dann sterben die Brüder Marx, Hans und Jakob 1597/98 innerhalb weniger Monate. Und damit sind dann auch die musikalischen Venedig-Aktivitäten der Fugger bereits zu Ende; kein neuer italienischer Musiker vermag die entsprechenden Kontakte zu knüpfen, und auch kein Fugger setzt die eingeschlagenen Wege fort – nicht einmal jener Christoph Fugger, der zumindest über die Einzelwidmung des Hochzeitsmadrigals von Aichinger auch in Italien namentlich bekannt war. Letztlich stand Christoph Fugger den italienisierenden Ideen wohl noch am nächsten, denn ihm wird der einzige jüngere Druck mit italienischen Madrigalen gewidmet: Verfasser ist Jakob Haßler, einer von Hans Leo Haßlers Brüdern. Er war zum Zeitpunkt der Drucklegung (1600) bereits nicht mehr in Fugger-Diensten, sondern in dem der Grafen von Hohenzollern-Hechingen. 1590 war er (ähnlich wie sein Bruder) auf Kosten seiner Geburtsstadt Nürnberg in Italien gewesen und anschließend in Dienste der Fugger getreten – so daß diese für die Kosten aufzukommen hatten, die der fränkischen Reichsstadt für den Unterricht in Italien entstanden waren. Die Anstellung des eben italienerfahrenen Jakob Haßler ist also selbst ein Zeichen dafür, daß die Fugger damals gerade in Musikbeziehungen nach Venedig aktiv einsteigen wollten; daß der Druck erst 1600 erschien, ist einer problematischen Persönlichkeitsentwicklung Jakob Haßlers zuzuschreiben, der um die Mitte der 1590er Jahre in ernste Rechtsaffären verwickelt war.

Und nur noch ein weiterer Druck, der den Fuggern gewidmet wurde, erscheint in Venedig – doch er zeigt erschreckend deutlich, daß der Glanz der 1590er Jahre auf dem Sektor der Musikkontakte verblaßt war: 1615 werden aus dem Nachlaß des drei Jahre zuvor verstorbenen Giovanni Gabrieli geistliche Werke gedruckt, deren Titel auf den der 1597er Sammlung anspielt; es sind die *Symphoniae Sacrae II.* Widmungsempfänger sind wiederum die vier Söhne Marx Fuggers – darunter auch Philipp Fugger, der zum Zeitpunkt der Drucklegung aber bereits seit 14 Jahren tot war. Es läßt sich zwar auch hier annehmen, daß die Widmung mit ökonomischen Überlegungen zusammenhing. Doch die Kommunikation funktionierte nicht einmal mehr gut genug, um die – im engsten Sinne – Lebensverhältnisse angemessen zur Kenntnis zu nehmen.

Somit erscheint die aktive Unterstützung der Musik durch die Fugger zunächst als ein ganz natürlicherweise auf Augsburg zentriertes Phänomen; die Aktivitäten greifen aus auf das Münchner Musikleben, in dem die Familie durch das Wirken des Intendanten Hans Jakob Fugger auf eine besondere Weise direkt präsent ist. Im Laufe der 1580er Jahre wird eine Verbindung nach Venedig zunächst nur auf der zufälligen Ebene greifbar, daß kaiserliche Musiker, die zu Hans Fugger in Kontakt stehen, dort Werke drucken lassen, die ihm gewidmet sind; aktiver in Italien wird Jakob Fugger durch seine Kontakte zu Giovanni Gabrieli. Nur er läßt aktive Interessen im venezianischen Musikleben erkennen, allenfalls noch seine beiden Brüder Hans und Markus;[10] mit dem Tod der drei Brüder wird die Musikförderung wieder auf ihren Grund-Stand zurückgeführt. Waren die italienisch-venezianischen Aktivitäten folglich nur eine Episode in der Geschichte?

Man kann dies getrost verneinen. Erstens: Mit ihrer Venedig-Politik haben die drei Fugger-Brüder Musikgeschichte gemacht – das Verfahren hatte weitreichende Folgen. Und zweitens: Nicht nur die Tatsache, daß die Fugger Drucke förderten, wurde in Italien zur Kenntnis genommen; vielmehr konnten die jeweiligen Musiker in den derart geförderten Drucken auch aktiv Stellung zu Fragen der allgemeinen italienischen Musikszene beziehen.

Folgen in Mitteleuropa: Unterricht in Venedig

Zunächst zu den globalen musikhistorischen Folgen. Giovanni Gabrieli verfolgte seine Mitteleuropa-Politik mindestens so aggressiv wie Orazio Vecchi. Er scheint aus dem Verfahren, das die Fugger mit Aichinger und ihm entwickelten, regelrecht ein System abgeleitet zu haben. Daß die Reichsstadt Nürnberg zuvor Hans Leo Haßlers Aufenthalt in Italien finan-

---

[10] Für diesen ist zudem die Förderung Christian Erbachs bemerkenswert; allerdings konnten Mutmaßungen über eine Italienreise Erbachs (Ernst von Werra, in: Denkmäler der Tonkunst in Bayern, Bd. IV/2, Leipzig 1903, S. XIII) nicht bestätigt werden.

zierte, dürfte wiederum hierfür modellhaft gewesen sein. Gabrieli nun, der aus seiner Münchner Zeit das nördlich der Alpen gelegene Europa kannte, unterrichtete in Venedig Musiker, die aus diesem Raum stammten, ließ sie, wenn sie rund zwei Jahre bei ihm geblieben waren, Werke in Druck geben (sicherlich mit finanzieller Hilfe des jeweiligen Dienstherrn) und scheint Wert darauf gelegt zu haben, daß jeweils im Vorwort sein Name mit gebührend lobenden Worten als der des Lehrers erwähnt wurde. Dann funktionierte offenbar die von ihm erwünschte Propaganda. Nach dem Fugger-Aichinger-Projekt sind zunächst eine Reihe dänischer Musiker bei Gabrieli ausgebildet worden – auf jene erwähnten Dänemark-Kontakte hin.

Haßler hatte neben dem erwähnten Jakob noch einen dritten musizierenden Bruder, Caspar; dieser scheint 1607 den jungen schwarzburgisch-thüringischen Musiker Christoph Klemsee zu Gabrieli vermittelt zu haben. Und auch noch weiter nimmt Hans Leo Haßler – in seiner Fugger-Position – eine Schlüsselstellung ein: Er als italienerfahrener Fugger-Musiker widmet dem Landgrafen Moritz von Hessen-Kassel 1596 einen Druck italienischer Canzonetten, und zur gleichen Zeit bemühte sich Octavian Secundus Fugger darum, für Jakob Haßler bei Moritz eine Stellung in Kassel zu gewinnen. Damit wird ein weiterer Hof in das Kommunikationssystem einbezogen. Moritz selbst sandte 1604–06 zwei Musiker zur Ausbildung nach Venedig (Christoph Kegel und Christoph Cornet); daß er damit Anregungen aufgreift, die ihm über die Fugger-Haßler-Schiene vermittelt worden sein könnten, ist sehr wahrscheinlich. 1609 folgte auf diesen Bahnen mit Heinrich Schütz der berühmteste Gabrieli-Schüler nach; daß seine Ausbildung, die ihm langfristig Voraussetzung überhaupt für den Entschluß war, Musiker zu werden, somit auf dem Ausgangs-Modell der Fugger-Gabrieli-Verbindung beruht, ist also durchaus denkbar.[11] Somit konnte sich aus den vordergründig marginal wirkenden Kontakten der Fugger zum Musikleben an San Marco ein besonderes Bewußtsein deutschen Interesses gerade für die dort gepflegte Musikkultur entwickeln.

---

[11] Allerdings scheint für Kassel auch Kurfürst Sigismund von Brandenburg Kontakte nach Venedig aufgetan zu haben, vgl. etwa dessen Vermittlungs-Aktivitäten während Schütz' Aufenthalt; Textwiedergabe: Christiane Engelbrecht, Die Kasseler Hofkapelle im 17. Jahrhundert und ihre anonymen Musikhandschriften in der Landesbibliothek Kassel, Kassel etc. 1958 (Musikwissenschaftliche Arbeiten 14), S. 124f.

Folgen für mitteleuropäische Komponisten

Mit Aichinger läßt sich hingegen der konkret-musikalische Teil beleuchten. In seinen *Sacrae cantiones* findet sich eine Komposition des etwa auch von Haßler vertonten Texts *Duo Seraphim clamabant*, einer alttestamentarischen Beschreibung vom Sanctus-Singen zweier Seraphim, die traditionell neutestamentarisch abgerundet wird durch den Trinitäts-Satz, daß die drei Zeugen Vater, Wort und Heiliger Geist eine Einheit sind.[12] Der Text steckt folglich voller musikalisch-numerischer Emblematik: Zwei Seraphim singen, es gibt drei Zeugen, und sie sind eins. Die wohl berühmteste Vertonung des Texts stammt von Claudio Monteverdi, 1610 im Rahmen seiner *Marienvesper* gedruckt: Den Anfang, den Teil der zwei Seraphim, singen zwei Sänger; auch diese Zweiheit wird zunächst regelrecht entwickelt, indem die beiden Sänger auf dem gleichen Ton zu singen beginnen und diesen dann zu unterschiedlichen Zeiten verlassen – so daß man erst dann wirklich bemerken muß, daß es zwei Sänger sind, zunächst aber glauben kann, es sei einer. Für den Bericht der drei Zeugen tritt ein dritter Sänger ein (»Tres sunt qui testimonium dant in coelo«); deren Dreiheit wird musikalisch durch einen Dreiklang vorgeführt. Sie vereinigen sich dort wieder auf einem einzigen Ton, wo davon die Rede ist, daß sie alle eins seien.

Monteverdis Komposition ist eine der kunstvollsten über diesen Text; doch das abstrakte Element des Spiels mit Zwei- und Dreistimmigkeit findet man bereits in der 20 Jahre älteren Vertonung Aichingers – in einer ganz ähnlichen Klangwelt. Monteverdi braucht Aichingers Komposition nicht gekannt zu haben, und auch Aichinger hat dieses Spielen nicht erfunden.[13] Doch dies kann zeigen, in welchen direkt-italienischen Kontext einen interessierten Musiker das Fugger-Stipendium führen konnte – so weit, daß dieser zu aktuellen Fragen des italienischen Musiklebens eine eigene Stellung beziehen konnte.

Resümee und Vergleich: Die Fugger und die Widmanns

Insofern waren die aktiven Kontakte der Fugger zum Musikleben an der venezianischen Dogenkirche, so kurze Zeit sie auch währten, in doppelter

---

[12] »Duo Seraphim clamabant alter ad alterum: Sanctus, sanctus, sanctus Dominus Deus Sabaoth. Plena est omnis terra gloria eius. Tres sunt qui testimonium dant in coelo: Pater, verbum et spiritus sanctus. Et hi tres unum sunt [...].«

[13] Vgl. Jeffrey G. Kurtzman, Some historical perspectives on the Monteverdi Vespers, in: Acta Musicologica 15, S. 29–86: S. 64 f.

19 Theorbe, von Sixt Rauchwolf, Augsburg 1577: Die Rosette
    mit Fuggerwappen und bezeichneter und datierter Widmung an
    Jakob Fugger, Herr zu Kirchberg und Weißenhorn. Fuggermuseum Babenhausen
20 Jakob Fugger. Medaille von Valentin Maler. Staatliche Münzsammlung München

DI FILIPPO DI MONTE

MAESTRO DI CAPPELLA DELLA SAC· CES· MAESTA
DELL'IMPERATORE RODOLFO SECONDO,

IL PRIMO LIBRO DE MADRIGALI SPIRITVALI A SEI VOCI

Da lui nouamente compofti, & dati in luce.

In Venetia Appreffo Angelo Gardano

M D LXXXIII.

21   Philipp de Monte, Il primo libro de madrigali spirituali. Venedig 1583.
Widmung an Hans Fugger. Staats- und Stadtbibliothek Augsburg

Hinsicht bedeutsam. Zunächst: Sowohl Haßler als auch Aichinger machten sie zu Musikern, die im internationalen Kontext etwas zu sagen hatten. Haßler kehrte in seine Heimatstadt Nürnberg zurück, doch die Aichinger-Früchte konnten die Fugger selbst über längere Zeit hinweg ›ernten‹. Dann aber: Mit dem konkreten Förderungs-Modell war ein Vorbild geschaffen, das ein Musiker wie Giovanni Gabrieli als Lehrer reproduzieren konnte – im Rahmen einer ähnlich aggressiven Mitteleuropa-Politik, wie sie sein Modeneser Kollege Orazio Vecchi auf anderer Ebene verfolgte. Die Fugger leisteten damit mittelfristig einen Beitrag in der venezianischen Musikgeschichte (konkret an der Dogenkirche San Marco), indem sie diesen Baustein mit zu etablieren halfen; ihr langfristiger Beitrag könnte auch darin gelegen haben, daß Heinrich Schütz' Musikunterricht in Venedig konkret auf das Fugger-Gabrieli-Modell zurückgeht.

Der gleichen zeitlich nur begrenzten Musikförderung begegnet man auch in anderen Familien – freilich überhaupt nur in wenigen, weil der Aspekt des internationalen Musik-Sponsorings eben eo ipso etwas Besonderes war. Um 1500/30 hatte Jakob Fugger (»der Reiche«) einen gewissen Ulrich Widmann von Augsburg aus als Verwalter des Fuggerschen Silberbergbaus nach Kärnten geschickt. Dort entwickelte die Familie[14] sich von Villach aus zu einer vermögenden Kaufmannsfamilie, die 1629 durch eine überlegte Geländepolitik und durch die ›Gunst‹ gegenreformatorischer Vertreibung von Protestanten zu einer das Untere Drautal kontrollierenden Wirtschaftsmacht wurde, 1640 eine Grafschaft schlichtweg kaufte und schließlich in den Stand venezianischer Nobili erhoben wurde. Die Widmanns standen in Kontakt zum venezianischen Dichter Giulio Strozzi, einer Schlüsselfigur im Leben des venezianischen Theaters San Cassiano, des ersten öffentlichen Opernhauses der Welt (1637 eröffnet). Die mäzenatischen Aktivitäten dieser – in ihrem Wirken allerdings erst ansatzweise erforschten – Familie lassen sich vorerst auf die Zeit zwischen 1634 und 1654 eingrenzen, also auf einen kaum längeren Zeitabschnitt als den, in dem die Fugger ihrerseits sich an San Marco engagierten – und dies obgleich die Widmanns eben langfristig sogar als Venezianer anzusehen sind.

Die Beziehungen der Fugger zum Musikleben gerade in Venedig: Vielleicht hätte man sich zu diesem Thema in manchen Punkten konkretere Erträge gewünscht. Doch fast noch wichtiger kann die Erkenntnis sein,

---

[14] Stammtafel in: Günther Probszt, Hans Widmanns Erbe: Ein Beitrag zur Familiengeschichte, Klagenfurt 1961 (Kärntner Museumsschriften 23). Zu den Widmungen vgl. Küster, Opus primum in Venedig (wie Anm. 8), S. 98.

daß konkretere Erträge nicht selbstverständlich gewesen wären. Die Beziehungen waren viel weniger Familiensache als Sache einzelner Familienmitglieder: Als früher Brennpunkt erscheint das Wirken Hans Jakob Fuggers (von Antwerpen ausgehend) für die Münchner Hofmusik; an diesem scheinen sowohl die Musikerkontakte Hans Fuggers (die ersten, die sich in venezianischen Drucken niederschlagen) und die Gabrieli-Kontakte seines Bruders Jakob anzuknüpfen. Daraufhin ist dann aber auch verständlich, weshalb die Italien-Kontakte so abrupt endeten – mit dem Tod der so wenigen direkt beteiligten Fugger-Familienmitglieder.

»Mit ainer sollichen kostlichkeit und allerley kurtzweil ...«
Feste und Feiern der Fugger
im 16. Jahrhundert[*]

Von Dana Koutná

»Zum dritten ist erschienen ... Venusberg, ... darauf sein geseßen 3 Affen ... hernach seind herunterwörts zu beeden seiten geseßen 9 musicanten, ... die haben auf das lieblichste und herrlichste musiciert, unter denselben ist geseßen Apollo, ... hat gar herrlich in die musica gesungen ... Unter ihm ist gelegen ein schönes und hurtiges meerkätzlein, das hat sich artig getrummelt.«[1]

Beschreibungen von Festen wie des soeben erwähnten Aufzugs zum Ringelrennen im Februar 1591 verraten vieles über ihre Epoche. Sie bieten nicht nur Neues über die Verhaltensweisen, die Kultur und die Musik, sondern zeugen auch vom Selbstverständnis der Familie Fugger, von ihrer sozialen Stellung in der Stadt Augsburg.[2]

Anlässe gab es genug: einmal auf das menschliche Leben bezogene Feierlichkeiten wie Taufe, Hochzeit und Begräbnis. Im übrigen war keines der aus heutiger Sicht familiären Feste ein privates Ereignis, vielmehr ein öffentliches und der Selbstdarstellung dienendes. Außerdem ergab sich aus der Zugehörigkeit zum Stand gewissermaßen eine Verpflichtung für die Reichsstadt Augsburg Feste auszurichten: Bankette oder Feuerwerke anläßlich eines hohen Besuchs etwa. Schließlich feierte man dem Kirchenjahr oder Jahreslauf entsprechend: mit Mummereien in der Fastnacht, mit Schlittenfahrten im Winter, im Sommer mit Schützenfesten.

Vielfach wurden verschiedene Festformen verknüpft. Hochzeiten fanden etwa vorzugsweise in der Fastnacht statt. Einen willkommenen Rah-

---

[*] Vortrag am 6. Juli 1993 im Maximiliansmuseum.
[1] Überschrift und nachfolgender Text aus FA 1.2.28.
[2] Der vorliegende Vortrag entstand parallel zu den Beiträgen Feste und Feiern der Fugger im 16. Jahrhundert, in: »lautenschlagen lernen und ieben«. Die Fugger und die Musik, hg. von Renate Eikelmann, Augsburg 1993, S. 89–98 sowie: Die Ehre der Fugger. Zum Selbstverständnis einer Familie, in: Augsburger Handelshäuser im Wandel des historischen Urteils, hg. von Johannes Burkhardt (im Druck). Dort finden sich ausführliche Hinweise zur weiterführenden Literatur.

men für allerlei Feste boten zudem die noch bis 1582 in Augsburg abgehaltenen Reichstage. Des weiteren fällt eine Trennung zwischen der Familie, der Firma und der städtischen Repräsentation nicht immer leicht. Bis 1600 bekleideten die Fugger ja mehrfach hohe städtische Ämter. Somit nahmen sie an den Huldigungen der Stadt und anderen Zeremonien teil, richteten gemeinsam mit anderen Familien allerlei Lustbarkeiten aus.

Wie lief ein Fest im 16. Jahrhundert ab?

Unter den Festen ragen die Hochzeiten und Begräbnisfeierlichkeiten heraus. Sie markieren wesentliche Einschnitte im Familienleben, exemplarisch zeigen sie das Streben nach standesgemäßer Repräsentation der Fugger, das Verständnis für die jeweilige soziale Situation. In ihrer Formenvielfalt umfassen sie alle Elemente, die ein Renaissance-Fest ausmachten. Als Anton Fugger 1527 Anna Rehlinger heiratete, war das Fest »von einer sollichen kostlichkeit ..., das der gleichen zuvor nie beschehen«. Der Chronist notierte überdies, daß in der Frauenkirche 28 Sänger in »figuris« gesungen haben. Wie üblich gab es noch ein Turnier, freilich noch ein »scharfes«, bei welchem sich die Gegner aus dem Sattel stießen und zu Boden fielen, »was sehr lustig zue sehen gewesen«.[3] Die meisten Nachrichten aus der ersten Hälfte des 16. Jahrhunderts sind ähnlich knapp. Eine Ausnahme bildet die Hochzeit von Regina Fugger mit Hans Jakob von Mörsberg 1538 in Weißenhorn. Wir erfahren immerhin die Namen der wichtigsten Gäste und Details des Festes, wie etwa die Zahl der Posaunisten des Pfalzgrafen Friedrich und von Herzog Ottheinrich (nämlich 2) sowie der Augsburger Stadtpfeifer (nämlich 3), aber auch, daß 608 Kapaunen, 250 Hennen und 1 800 Hühner nebst Wildbret und Fisch verspeist wurden. An Getränken gab es »Rainfal, Malfesier, reynischen rot und weiß wein, Rosatzer, Neckerwein und aimbeckisch weis bier«.[4] Weit ausführlichere Berichte haben wir aus der zweiten Hälfte des Jahrhunderts.

---

[3] Clemens Sender, Chronik, hg. von Friedrich Roth (Chroniken der deutschen Städte 23= Augsburg 4, 1894) S. 184 sowie Genealogia Pistoriana, StAA (Reichsstadt Schätze 24), fol. 77v.

[4] Nicolaus Thoman, Weissenhorner Historie, hg. von Franz Ludwig Baumann (Bibliothek des litterarischen Vereins in Stuttgart 129, 1876); Ndr. Weißenhorn 1968, S. 217–220.

[5] Chronik der Familie Fugger vom Jahre 1599, hg. von Christian Meyer, München 1902, S. 54.

[6] Chronik (wie Anm. 5), S. 43.

Hochzeitsfeste

Bevor es überhaupt etwas zu feiern gab, verging eine Menge Zeit: die Vorbereitungen waren eine langwierige Angelegenheit. Zum einen galt es juristische und wirtschaftliche Interessen zweier Familien vertraglich, also in der Heiratsabrede, zu klären. Erst danach konnte die Verlobung, »Stuhlvestin« genannt, gefeiert werden. Zum anderen mußten viele weitere Einzelheiten geklärt werden. Sie sind unseren heutigen Vorbereitungen vielfach recht nahe. Der Termin und Ort der Vermählung wurden mit Einladungen verschickt oder von Hochzeitsladern mitgeteilt. In Augsburg waren es häufig berufsmäßige Lader oder enge Freunde der Familie. Das Problem verursachte weniger die Zahl der Gäste, schon eher die endgültige Anzahl ihrer Pferde und Wagen. Wohin mit den Rossen? So sollen es 1579 mindestens siebenhundert Pferde gewesen sein.[5]

Des weiteren wurde geklärt: wer nimmt an welchem Teil der Feierlichkeit teil. Abgestuft nach Stand und Würde waren Gäste zu verschiedenen Festtagen geladen. Die Stadt Augsburg hatte im 16. Jahrhundert die Teilnehmerzahlen beschränkt. Die Absicht war, den sozialen Frieden zu wahren, ebenso durch Einschränkung der Hoffahrt, dem Ruin der Bürger vorzubeugen. Solches scheint bei der Familie Fugger keine Rolle gespielt zu haben; nicht zuletzt deswegen, weil eben viele hochstehende Personen von auswärts kamen. Die Hochzeit von Leonora Sidonia Fugger mit Sigmund von Lamberg fand 1558 z. B. »in beisein etlicher fürsten und fürstin von Bayrn und sonsten vil herrn vom adl« statt[6].

Zu den Vorbereitungen einer Hochzeit zählten neben der Einquartierung Umbaumaßnahmen der Fuggerschen Häuser, etwa im Bereich der Küche oder eines Saales. Städtischerseits wurde eine »Hochzeitskuche« auf Wunsch aufgebaut. Zu den Bauarbeiten kamen Aufträge bei Malern wegen Dekorationen, als Schauessen für die Bankette, Hochzeiteller für die Geschenke, auch Allerlei für die Turniere hinzu. Entschieden wurde außerdem über die Art der Hochzeitskränze für die Gäste, nämlich mit oder ohne Goldringe. Rechtzeitig bestellte man ebenfalls die Kleidung, aber auch Lebensmittel, nicht selten aus Venedig oder Mailand. Etwa vierzehn Tage vor der jeweiligen Hochzeit begannen die Köche, oft zwanzig an der Zahl, dann mit dem Vorkochen.

Für weitere Einzelheiten mag nun eine ganz große Hochzeit als Beispiel dienen, und zwar die von Anton Fugger dem Jüngeren mit Barbara Montfort im Februar des Jahres 1591. Zweifelsohne war das eines der prunkvollsten Feste der Fugger überhaupt. Überdies ist diese Hochzeit wie kaum eine andere vorzüglich dokumentiert.

1591 wurde acht Tage vor der Vermählung das geplante Ringelrennen, ein Turnier also, in der Stadt ausgerufen. Am Hochzeitstag, das war der Faschingssonntag nach dem alten Kalender, zogen die Gäste feierlich ein. Der Einzug muß beeindruckend gewesen sein: 345 Reiter mit vierzig Wagen. Die Trauung wurde zu Hause vollzogen. Am Abend gab es dann ein Bankett, für Gäste an 120 Tischen.[7] Am selben Abend fand im Haus von Marx Fugger, dem Vater des Bräutigams, das Beilager statt. Am zweiten Tag, dem Montag, begann man mit einem festlichen Kirchgang zu St. Moritz den sog. Ehren- und Hochzeitstag. Anschließend wurde eine Morgenmahlzeit angeboten. Am Abend gab es erneut ein Bankett und eine Tanzveranstaltung, wie ausdrücklich vermerkt wurde ohne Masken. Der Ort war diesmal das städtische Tanzhaus.

Am Dienstag lud man dann zunächst zu einer Morgenmahlzeit, weitere Essen wurden an jenem Tag jedoch nicht mehr gereicht. Dafür begann um ein Uhr mit einem Aufzug der Teilnehmer das »Carussel« oder die »Mumerey zu Roß«. Das war eine sehr moderne Turnierform, wenige Jahre zuvor fanden die ersten Karussele bei den Medici in Florenz statt. An der Veranstaltung auf dem Weinmarkt nahmen sechs Parteien zu je vier Reitern (Quadrillen) teil. Wie es heißt, waren einige Reiter als Türken (»auf turkese«), andere als Mohren (»Morisco«) in Papageienfedern kostümiert. Die Reiter hatten sich gegenseitig mit Tonkugeln zu treffen, weshalb ein Ungeübter öfters einen Schlag aufs Haupt bekam: »daß er es wohl emfunden hat«.

Am nachfolgenden Tag fand ein zweiter, noch aufwendigerer Aufzug statt, dem das angekündigte Ringelstechen folgte. Die Teilnehmer dieser sportlichen Lustbarkeit kamen zusammen mit Festwagen und zahlreichen Spaßmachern. Die Themen der einzelnen Gruppen war außerordentlich vielfältig.

»Zum ersten herr Antoni Fugger der jünger als bräutigam, zog auff ganz ritterlich und herrlich auch zierlich, nemlich vorher ein heerbaucker, auf ihn 6 trompeter [...] hernach gemelter Fugger als ritter mit seinen 3 löwen häuten [...] wie Hercules gemacht wird.« Georg Fugger in »julianischer, heidnischer Tracht« führte eine altrömische Gruppe an, dann folgte der Eingangs erwähnte Wagen mit Apoll, Musen und Affen. Andere Teilnehmer waren als Fortuna, Sonne, Mond oder Nymphen maskiert. Demgegenüber ritt der Reichspfennigmeister Zacharias Geizkofler auf einem Pferd, das als Mensch angezogen und beschuht war, sogar einen Filzhut und falschen Bart hatte. Zudem grüßte das besagte Pferd die Zuschauer

---

[7] Chronik (wie Anm. 5), S. 74.

mit Kopfnicken, »welches abentheurlich zu sehen gewest«. Weitere Personen von Stand unterhielten ebenfalls das Publikum: ihnen hing das Hemd aus der Hose, sie trugen falsche Bärte und Glatzen und führten sich höchst närrisch auf. Am Turnier ritten sie unter Namen wie »Suan Maggaron, Zani della Polenta« oder »Juan della Frittata« mit. Als eine Art Tableau vivant führten schließlich württembergische Edelleute den König von Frankreich und den Sultan als Gefangene mit, danach ritt »Kaiser Karl V«.[8]

Verglichen mit barocken Festen fehlte hier ein einheitliches Programm. Mythologie und Posse waren kunterbunt durcheinander gewürfelt. Einen besonderen Anspruch auf Selbstdarstellung beinhalteten ausnahmsweise einzelne Kostümierungen, so des Anton Fugger des Jungen, wenn er als Hercules auftrat, der vom Hochadel als Tugendsymbol auserkorenen Gestalt. Vorrang hatte aber ansonsten die Freude der Teilnehmer an ausgefallenen Verkleidungen und ungezwungenem, gar närrischem Verhalten.

Nach diesem langen Einritt ging es endlich an das Ringelrennen. Dazu war der Weinmarkt von Holzschranken umzäunt und mit Sand bestreut. Ausgewählte Ritter verteidigten einen unter einem Triumphbogen aufgehängten Ring. Die Gegner versuchten diesen Ring mit ihrer Lanze zu treffen. Das Tageslicht reichte bald nicht mehr, etliche Reiter konnten erst am nächsten Tag ihr Glück versuchen. So endete dieser Tag auf dem Stadtplatz mit einem Feuerwerk zu Ehren des Brautpaares. Zwei Büchsenmeister brannten mit Donner und Blitz ein köstliches Schloß ab. Dann begab sich die Gesellschaft zu Tisch, später wurde wieder getanzt. Die abschließenden Rennen wurden am nächsten Tag ausgetragen. Zum Abschluß gab es am Abend wiederum eine Tanzveranstaltung, bei welcher sog. Dankkränze ausgeteilt wurden: Prämien für die schönste Kostümierung und für den erfolgreichsten Turnierteilnehmer, der »das renspieß auf zierlichste geführet«. Die Geehrten waren, wie üblich, die ranghöchsten Teilnehmer.[9]

Aus diesem Beispiel wird der Ablauf einer fuggerischen Hochzeit zu Augsburg in der Renaissance deutlich: am eigentlichen Tag der Vermählung »einzug, hochzeit und beyschlaf« wie es in den Chroniken immer steht. Am darauffolgenden Tag ein Kirchgang; als Rahmen allerlei Lustbarkeiten wie Turniere oder Feuerwerk, nicht zu vergessen zahlreiche Festessen und viel Musik.

---

[8] FA 1.2.28.
[9] FA 1.2.28.

Die Hochzeiten waren so ein öffentliches Ereignis, vieles fand auf öffentlichen Plätzen oder in städtischen Räumen statt. Das gemeinsame Feiern betonte die Beziehung zu den Verwandten, Freunden, ebenso zu der Reichsstadt Augsburg. Die aus heutiger Sicht ungewöhnliche Prachtentfaltung in der Bekleidung, Dekoration sowie der Überfluß an Speisen galt vorrangig der Darstellung des Standes. Die Macht der jeweiligen Familie, ob politische oder wirtschaftliche, wurde augenfällig zur Schau gestellt. Darüberhinaus mag auch ein aufwendiges Fest gelegentlich die Finanzstärke der fuggerschen Firma unterstrichen haben.

»Die clag« – zu den Begräbnisfeierlichkeiten

Nicht minder als eine Hochzeit oder Taufe dienten das bewußte, christliche Sterben und die nachfolgenden Zeremonien der Würdigung des Einzelnen und der Selbstdarstellung der Familie. In der protestantischen Umgebung unterstrichen sie zudem das Festhalten am angestammten Glauben. Stärker als eine Hochzeit waren die Trauerfeierlichkeiten ritualisiert. Allein schon deswegen, weil oft die lange Vorlaufzeit für die Vorbereitungen fehlte.

Der Ablauf veränderte sich während des 16. Jahrhunderts kaum. Wie und ob sich überhaupt im Laufe dieses Jahrhunderts die Einstellung zum Tod und dem Stand änderte, wird an Details sichtbar: etwa daran, daß sich Anton Fugger in schlichter Alltagskleidung, die nachfolgenden Generationen, besonders die Frauen, in Festkleidung begraben ließen. Gegen Ende des Jahrhunderts finden sich zwischen Männern und Frauen Unterschiede an Aufwand bei den Zeremonien. Manche männliche Familienmitglieder waren nicht nur von Stand, sondern »öffentliche Personen«, weshalb noch mehr Pomp zu deren Gedächtnis aufzuwenden war. Zu Beginn des 17. Jahrhunderts verringerte sich der Aufwand, weniger aus religiösen, wohl eher aus wirtschaftlichen Gründen.

Die wichtigsten Vorstellungen über die Feierlichkeiten hielten bereits die ältesten erhaltenen Testamente fest, spätere Verfügungen scheinen fast Wiederholungen zu sein. So forderte etwa Ulrich Fugger im Februar 1517: »das mein leib sover ich zu Augspurg ersturb, in meiner vater, vettern unnd meiner cappell auch begrebnus im closter zu Unnser Frouen bruedern ... begraben auch mein begrebnus, besingknus, mit sibenden, dreißigist, jartägen unnd zu yeder zeit meßlesen ... auch almusen geben, wie mein und meinesgleichen stannd zuegehört, auch gewonhait, geprauch und herkomen ist.«[10]

Ähnlich wegweisend für den Ablauf und die wichtigsten Repräsentationsformen ist das Begräbnis von Anton Fugger im Herbst 1560. In Alltagskleidung wurde dieser »Fürst der Kaufleute« in einen Zinnsarg »wie die vornehmen Herrn gelegt«. Die Totenmesse wurde in St. Moritz gesungen, 120 Berittene geleiteten den Trauerzug dann von Augsburg über Kirchheim nach Babenhausen.[11]

Gegen Ende des Jahrhunderts belegen detaillierte Aufzeichnungen den standesgemäßen Ablauf: Der Verstorbene (Hans Fugger, 1598) wurde in der mit schwarzem Tuch ausgeschlagenen Hauskapelle aufgebahrt. Zum Leichenkondukt versammelte man sich nach Stand und Geschlecht getrennt im Haus am Weinmarkt, auf den Straßen die Augsburger Bruderschaften. Den Leichnam trugen fuggersche Diener, begleitet von psalmodierenden armen Schülern mit Fackeln und Windlichtern. Diese Illumination am hellichten Tag wurde im übrigen von Protestanten auf das heftigste mißbilligt. Für die »clag« der Elisabeth Fugger benötigte man nämlich hundert Windlichter, für den Kondukt zu St. Moritz waren es für den erwähnten Hans Fugger allein 24 Fackeln. Der Trauergottesdienst (»gesungenes Seelampt«) fand in der Moritzkirche, die mit schwarzem Tuch und weißen Atlaskreuzen geschmückt war, statt. Für die Überführung standen etliche Wagen vor dem Gögginger Tor bereit, wobei die Sargträger als Kavalkade mitritten, an deren Spitze der »director« mit schwarzer Fahne. In allen Ortschaften kündigte den Zug ein Glockengeläut an. Bei den Zwischenstationen wurden jeweils Vigilien, gesungene Messen und Wortgottesdienste gefeiert. Die weitere Abfolge war wie schon beim Testament des Ulrich Fugger auf den siebten und dreißigsten Tag ausgerichtet. Der »Dreißigste« bildete gleichsam den glänzenden Abschluß der Feierlichkeiten, denn es konnten wichtige Gäste geladen werden, die nicht unmittelbar zur Beisetzung anreisen konnten. Zur musikalischen Untermalung stand während des Reichstags von 1582 sogar die kaiserliche Kapelle zur Verfügung, womöglich unter Leitung de Montes. Meist wurden jedoch die örtlichen Chöre um Augsburger Musiker verstärkt. Das weitere Gedenken sicherten anschließend Totenbilder und Epitaphien, manchmal Totengroschen, im 18. Jahrhundert auch gedruckte Leichenpredigten.

[10] Die Fuggertestamente des 16. Jahrhunderts, hg. von Maria Gräfin von Preysing. II. Edition der Testamente, Weißenhorn 1992, S. 15 (Studien zur Fuggergeschichte 34).
[11] Götz Frhr. von Pölnitz, Hermann Kellenbenz, Anton Fugger, Bd. 3/2, Tübingen 1986, S. 300 (Studien zur Fuggergeschichte 29).

Im ausgehenden 16. Jahrhundert ist bei den Fuggern schon ein »castrum doloris« belegt. Dieses provisorische Trauergerüst, das 1598 durch Malerei und Inschrift dem Gedenken an Hans Fugger diente, dürfte ein frühes Beispiel dieser Repräsentationsform des oberdeutschen Adels sein.

Zusätzlich unterstrich die Trauerzeit die schwarze Kleidung »in die clag«, die gesamte Dienerschaft eingeschlossen. Nach dem Tod des Anton Fugger legten z. B. alle Bediensteten für einen Monat die Waffen ab, trugen lange Mäntel und Hüte mit Klagbinden, kleideten sich »ehrbar« im Gegensatz zum sonstigen »Übermut«. Von der Trauer lenkten freilich allzuoft die Leichenschmäuse ab, weshalb Marx Fugger in seinem Testament (1594) ausdrücklich anordnete, daß keinesfalls Bankette auszurichten seien, weil es gotteslästerlich sei und eher an eine Hochzeit gemahne.[12]

Auf vielfältige Art wurden die Augsburger, nicht weniger aber die Bewohner der fuggerschen Herrschaften in das Geschehen einbezogen. Neben den Kondukten und Gottesdiensten war es ganz besonders die Verteilung von Almosen, an alle ungeachtet ihres Stands. Diesen Brauch wollte die protestantische Gemeinde zwar immer wieder unterbinden, die Erfolge waren jedoch gering. Heimlich ließ etwa Anton Fugger für seinen verstorbenen Bruder Raymund in Augsburg 5000 Gulden an die Armen verteilen. 1582, fast fünfzig Jahre später, erhielt jeder in allen Ortschaften, durch die der Trauerzug Richtung Kirchheim kam, einen Kreuzer geschenkt.

Stechen, Ringelrennen und anderes mehr

Neben den großen Festen und Zeremonien gab es noch mehr an Aktivitäten, die außerhalb des Alltags lagen: Tanzveranstaltungen besonders in der Fastnacht, Schlittenfahrten, Schützenfeste, Turniere, Theateraufführungen. Teils waren sie Lustbarkeiten im Familien- und Freundeskreis, in vielen Fällen hatten sie eine soziale Aufgabe: die Repräsentation der Familie und der Stadt Augsburg. Ein gutes Beispiel für die Verflechtung städtischer und fuggerischer Selbstdarstellung liefert der Besuch Albrechts V. von Bayern 1561. Das Bankett wurde im Haus des Marx Fugger von der Stadt veranstaltet. Diese sorgte für ein Feuerwerk, ein Freudenfeuer und einen Schwerttanz. Hans Fugger richtete in einem Garten zusätzlich ein Fischerstechen aus.[13] Solche Verflechtungen ergaben sich aus vielen Gründen, namentlich aber aus ganz praktischen Erwägungen: während der Reichstage oder hoher Besuche brauchte man einfach große und repräsentative Räume, eben die Fuggerhäuser am Weinmarkt oder die schönen Gärten. Gerade die Gärten waren im Sommer, ein wenig nach italienischen Vorbildern, für Müßiggang, Erbauung und Kurzweil sehr begehrt. Schon 1517 berichtet Antonio de Beatis über einen luxuriösen Garten, in dem »vermittels eines Räderwerkes das Wasser bis in die Zimmer hinauf befördert wird. An diesem Ort veranstalteten die Fugger zu Ehren des Kardinals [Luigi d'Aragona] einen Ball von schönen Frauen«. In dem Gartenhaus in der Kleesattlerstraße weilten Erzherzog Maximilian, 1551 Kaiser Karl V.; sehr häufig wurden sie von verschiedenen Fürsten für Bankette während der Reichstage in Anspruch genommen.[14]

Im Winter gehörte neben dem Tanzen zu den zwanglosen und festlichen Vergnügen die Schlittenfahrt. Dazu wurden große, bunt bemalte Schlitten von Pferden durch die Stadt gezogen, am besten auf den Hauptplätzen in Augsburg. Amüsement verband sich hier mit der Notwendigkeit, die Pferde im Winter »zu bewegen«.

Für die Gesundheit der Festteilnehmer war ebenfalls gesorgt, und zwar mit Ausgleichssport nach reichlicher Mahlzeit. Unter ähnlichem Gesichtspunkt wurden bei besonderen Anläßen, etwa bei fürstlichen Besuchen, Turniere ausgerichtet: zu Fuß, zu Pferd über Planken oder das schon erwähnte Ringelrennen. Gelegentlich mußte man auch einer auf einem Gerüst aufgehängten Gans den Hals abreißen oder eine Holzpuppe treffen. Wie bei den Hochzeitslustbarkeiten von 1591 zogen in der Regel die Teilnehmer feierlich ein, bevor die Attraktionen erprobt werden konnten. Acht Jahre später traten zur Ergötzung des Herzogs von Bayern auch »Bauern« auf und führten Tänze mit viermaliger Schlägerei vor, was wieder einmal »sehr lustig anzusehen war«.[15]

Einen anderen »sportlichen« Charakter hatten die Festschießen. Sie waren ein ausgesprochen bürgerlich-städtisches Vergnügen. Anton Fugger unterstützte sie zudem als »Firmensport«, damit »die fuggerische diener alle sonntag oder fest … besser were zue haus, dann aus dem haus bliben«.[16] Dagegen lud Octavian Secundus 1580 eine gehobene Gesell-

---

[12] Fuggertestamente (wie Anm. 10), S. 259.

[13] Paul Hector Mair, Diarium von 1560–1563, hg. von Friedrich Roth (Die Chroniken der deutschen Städte 33 = Augsburg 8, 1928), S. 117 f.

[14] Zum Besuch des Kardinals vgl. Ludwig Pastor, Die Reise des Kardinals Luigi d'Aragona, beschrieben von Antonio Beatis, Freiburg i. B. 1905, S. 36; zur Nutzung der Besitzungen während des Reichstages von 1548 vgl. beispielsweise Wolrad von Waldeck, Tagebuch, hg. von Carl Ludwig Philipp Tross (Bibliothek des litterarischen Vereins in Stuttgart 59, 1861), S. 61 und 84.

[15] Chronik (wie Anm. 5), S. 84.

[16] August Fink, Die Schwarzschen Trachtenbücher, Berlin 1963, S. 234 f. mit Abbildung.

schaft aus Mitgliedern beider Stuben zu einem »fräuntlichen krantzschie-
ßen« ein; damals wurde auch keine Armbrust, sondern Büchse verwendet.
Ebenso förderten die Fugger auf den Landsitzen Schießveranstaltungen,
wie etwa eine »Ordnung des Gesellenschießens von Babenhausen für das
Jahr 1557« belegt. Schon etliche Jahre zuvor wurde ein Schießen in der
fuggerischen Sommerfrische – Gablingen – veranstaltet: der Hauptpreis,
das sog. beste Stück, war der Stoff für eine Hose.[17]

Das »Kunstwerk« Fest rundeten bereits in der Renaissance die Feuerwerke ab. Sie dehnten die Festlichkeiten über den Tag in die Nacht hinaus. Im 16. Jahrhundert waren die Schloßfeuerwerke besonders beliebt. In
Gebäuden aus Holz, Pappe und Stoff wurden Pulverflaschen (»Raquet-
ten«) und anderes Zündmaterial versteckt, bei Dunkelheit gezündet. Dem
entzückten Publikum wurden Belagerungen von Burgen vorgetäuscht.
Die weniger gefährlichen Illuminationen auf dem Wasser hatten nach
Augsburg noch nicht Einzug gefeiert.

Was kostete ein Fest?

Alle Feste und Kurzweil waren bemerkenswert kostspielig. Andererseits
ließen sie viele Augsburger Handwerker und Künstler verdienen. Die
Gesamtkosten einer Hochzeit überragten meist ganz erheblich die Mit-
gift, die ohnehin überdurchschnittlich üppig war. Marx Fugger riet
schließlich 1592 zur Mäßigung, um sich nicht lächerlich zu machen.

Hier einige Anhaltspunkte: bei der Hochzeit von 1591 entfielen von den
48 227 Gulden 27 Kreuzern und 5 Hellern auf die »Mumerey« 818 Gulden,
die Lebensmittel und Getränke kamen an das Zehnfache (ca. 8 000 Gulden). Den Großteil der Summe machte jedoch die Kleidung aus, einen
großen Posten verschlang ebenfalls die Verpflegung der auswärtigen Gäste
mit ihren Reittieren (»leut und pfert«). Ähnliches belegt eine andere Rechnung von 1578. Lediglich für drei Tage entfiel gut ein Siebtel der Gesamt-
summe allein auf den Unterhalt der Pferde. Nachgerade bescheiden waren
die Löhne, z.B. der Musiker. Die fünf »bairisch musici« bekamen 1591
mit insgesamt 180 Gulden das höchste Honorar, der übliche Tagessatz
eines Stadtpfeifers war ein Gulden.[18]

---

[17] Zum Schießen von 1580 FA 1.1.9b, zu Gablingen FA 7.4.13.
[18] Hochzeitskonto in FA 1.2.18.

Wie entsteht ein Gesamtkunstwerk oder Anmerkungen zur Musik, Kleidung und Speisen

Nur indirekt ist auszumachen, welche Vorbilder und Inspiration es für die einzelnen Feste gab. Zusätzlich zu den gebräuchlichen Formen Augsburgs wirkten inspirierend die engen Kontakte zu den bayerischen und habsburgischen Höfen, die Beteiligung an Reichstagen sowie die Reisen nach Italien, Spanien oder die Niederlande. Die Fugger nahmen außerdem an Festen in München, Innsbruck und Wien teil, ritten bei Turnieren an Reichstagen mit; allein schon deswegen, weil sie einiges hiervon vorfinanzierten.

Abgesehen von Widmungen von Musikstücken oder Festgedichten können wir Entwürfe einzelner Künstler und Gelehrten kaum nachweisen. Wer also die Gestalter waren, läßt sich anders als bei wittelsbachischen oder Habsburger Festen dieser Epoche meist nicht ausmachen. Vereinzelt begegnen in Rechnungen Augsburger Handwerker und Künstler, etwa die Maler Schemel. Seit den späten 80er Jahren fungierte als »director« von Festen Kanoniker Miller.[19]

Einige Elemente, die »das Fest« aus dem Alltag heraushoben, zugleich unverkennbar die Würde der Veranstalter unterstrichen, seien erwähnt, nämlich die Musik, die Kleidung, die Festdekoration und das Essen.

Welche Rolle spielte die Musik? Vermutlich eine unüberhörbare. Freilich ist die »musica und saitenspil« bei den Festen so selbstverständlich, daß sie nicht eigens erwähnt wurde. Für die Berichterstatter war die Farbe der Kleidung viel interessanter. Die Musik war eben »köstlich«, »lieblich« und »herrlich«.

Von verschiedenen Fuggern wissen wir, daß sie sehr musikalisch waren. Sie förderten nicht nur Musiker oder sammelten Musikinstrumente. Das Musizieren und Singen »in bella maniera e dolcezza« gehörte einfach zum Bildungsideal der Zeit.[20]

Kaum verwunderlich ist jedenfalls das Interesse an guten Musikern und guter Musik. Die Musik erhöhte bei allen Anläßen den äußeren Glanz. Bei Hochzeiten begleiteten Musiker, meist Trompeter und Pfeifer, den Kirchgang der Brautleute. Anschließend spielten sie in der Kirche und bei der Tafel. Zumeist waren auf verschiedene Räume unterschiedliche Gruppen aufgeteilt, also Lautenisten, Sänger oder Zwei- oder Dreimannkapellen mit Tasteninstrumenten, Violinen oder Bläsern. In geschlossenen Räu-

---

[19] FA 1.2.28 und 1.2.57.
[20] Baldassare Castiglione, Il libro del Cortigiano, Venedig 1538.

men ertönten noch Harfen, Sackpfeifen, Posaunen, Zinken. Zu den Instrumentalisten gesellten sich außerdem viele Sänger aus Augsburg, häufig aus München.

Von den zahlreichen Tanzvergnügen anläßlich der Vermählung war die Musik nicht wegzudenken. Die Kleinstbesetzung war ein Violinist (bei der Fastnacht der Dienerschaft), meist eben eine kleine Kapelle. Beliebt waren verschiedene Tänze. Zu Beginn des Jahrhunderts war die würdevolle Pavana und der dazugehörige schnelle Nachtanz, die Gaillarda, sehr begehrt. Ganz anders bei den jungen Tänzern, sie »tanzten und sprangen wie die kölber«, wie der fuggerische Diener Schwarz berichtet.[21] In der zweiten Hälfte des Jahrhunderts lösten diese Tänze die Allemande mit einem rascheren Nachtanz ab. Demzufolge fand Michel Montaigne eine Hochzeitsfeier von 1581 etwas eintönig, weil ausschließlich auf diese deutsche gravitätische Art getanzt wurde.[22]

Zusammen mit Musik spielte man Theater, »comoedien« wie es heißt. Nur sind hier die Nachrichten noch spärlicher. Häufig waren es Aufführungen von lateinischen Klassikern (in den vierziger Jahren) durch Schüler, 1603 gastierten mehrfach in Babenhausen englische Musiker und Schauspieler. Ob es Stücke von Marlowe oder Shakespeare gab, wer weiß?

Bei den Banketten kam der Musik gleichfalls eine gewichtige Aufgabe zu: »die liebliche Musica und frölich Seitenspiel, so man auff grossen Banckketten zu haben pflegt [soll] zu jedem Gang, wann man die speiß aufftregt, sich in aller Magnificentz und Herrlichkeit, hören lassen«, empfahl der churmainzische Leibkoch Rumpolt.[23] Bei Aufzügen, Turnieren und Schützenfesten steigerte die Musik die Bedeutung des Ereignisses. Sie diente zwar auch der Untermalung, im wesentlichen regelte sie indes den Ablauf mit Fanfaren. Hierzu kamen besonders intensive Instrumente wie Trompeten, Pfeifen und Pauken zur Geltung. Für herausragende Feste wurde eigene Musik komponiert oder zumindest zum Gedenken daran gewidmet, so von Hans Leo Haßler für die Hochzeit des Christoph Fugger (1589), zahlreiche weitere Beispiele bot die Ausstellung »Fugger und die Musik«.

Ähnlich flüchtig, doch ähnlich bedeutsam war die Festarchitektur oder Dekoration. Ohne besonders gemalte und gezimmerte Dekorationen oder auch ohne den Tischschmuck aus Wachs und Zuckerwerk ist keines der Feste denkbar, nur ist hiervon nichts mehr erhalten. Vereinzelt lassen sich

---

[21] Fink (wie Anm. 16), S. 256.
[22] Beschreibung einer Augsburger Hochzeit bei Michel Montaigne, Journal de voyage en Italie, Paris 1930, S. 45.
[23] Marx Rumpolt, Ein new Kochbuch, Frankfurt 1581, fol. 9.

genauere Angaben über diese kurzlebigen Produkte finden: bei den Turnieren waren es schmucke Gerüste. Außerdem benötigte man Planken für das Stechen, für das Ringelrennen Säulen oder Triumphbogen. Für die Fastnachtsvergnügen wurden einzelne Fahrzeuge mit Stoffen und Holzgerüsten verkleidet. Nicht minder bedeutsam waren die Schloßfeuerwerke, genauer die oft viereckigen Konstruktionen mit Ecktürmen aus Holz und Stoff.

Ein weiteres Element ist die besondere Kleidung der Festteilnehmer. Erwähnt wurden schon die absonderlichen Kostüme bei Turnieren und die schwarze Einkleidung für die Trauerfeierlichkeiten. Um sich in der Öffentlichkeit zu präsentieren, zog man sich prächtig an. Bei großen Anlässen wie Hochzeiten, investierten die Fugger Unsummen für die Kleidung. Der Rang, besonders von Frauen, wurde durch Kleidung ausgedrückt. Als Material kam schweres Tuch, schwere Seide u. a. in Frage. Große Rolle spielten bei Frauen und Männern die Accessoirs: Goldknöpfe, Goldborten, Ketten mit Münzen, Barette mit schönen Federn. Etwas unterschied die Festkleidung vom Alltag sehr deutlich, nämlich die Farben. Im Alltag herrschten gedeckte Töne, meist sogar Schwarz nach dem Vorbild der spanischen Hoftracht vor. Die Bräute hatten dagegen meist ein rotgoldenes Gewand an. Ähnliche Farben wählte die Gruppe der Brautführer und Kranzjungfrauen. Aufsehen erregte eine fuggerische Braut 1497 mit ihrer ungarischen Tracht, sie verstieß damit gegen die Augsburger Kleiderordnung.[24] Bei Tanz-, Turnier- oder Fastnachtsveranstaltungen war es zudem üblich, sich nach Gruppen in gleichen Farben einzukleiden. Das konnte das fuggerische Blau-gelb oder eine andere auffallende Farbkombination sein.

Üppiges Speisen hob ebenfalls jedes Ereignis aus dem Alltag heraus. Ein Bankett war nicht ein wüstes Gelage, vielmehr sollte es alle Sinne angemessen ansprechen. Das gemeinsame Speisen bot den Teilnehmern durch Gespräch, Musik, eßbare und nicht eßbare Schauessen ein kulinarisches Gesamtkunstwerk. Überdies demonstrierte ein Festessen den Reichtum und die Macht des Gastgebers. Die Wahl der Rohstoffe, z. B. Meerestiere (Austern, Garnelen), Zitrusfrüchte, Kapern, exotische Gewürze wie Pfeffer, Zimt, Nelken, Muskatblüte, italienische Weine und Zucker unterstrich dessen Wohlstand. Nicht zuletzt zeugte sie von einer gut funktionierenden Versorgung aus dem Ausland, was wiederum ein gutes Licht auf die Firma warf.

---

[24] Wilhelm Rem, Cronica newer geschichten, hg. von Friedrich Roth (Die Chroniken der deutschen Städte 25 = Augsburg 5, 1896), S. 272.

Der Genuß steigerte die verschwenderische Zahl von Damasttischdek-
ken, »facileten« (Servietten), Kerzenleuchtern, Silbertellern, Löffeln und
Gabeln. Die erhaltenen Speisefolgen und Bestellisten lassen keine Zweifel daran, daß die fuggerschen Hochzeitsbankette ganz deutlich über dem
vom ehrsamen Rat der Stadt Augsburg geforderten Maß lagen. Auch der
Vergleich mit den Speiseempfehlungen von Rumpolt belegt eine außeror-
dentliche Prachtentfaltung. Sie ist wahrlich fürstlich zu nennen. 1590
wurden 52 verschiedene Speisen bei einer Mahlzeit gereicht. Andererseits
waren die Menüabfolgen mit 26 »richten« ja als kaltes Buffet gedacht,
jeder Gast nahm sich von den Platten das, worauf er Appetit hatte. Im
übrigen speisten oft mehrere Hundert von Geladenen bei einem Bankett.
Des weiteren schrumpfen die häufig ungeheuerlichen Zahlen von verspei-
sten Tieren etwas, wenn man sich noch vor Augen führt, daß die Rinder
oder das Geflügel um einiges kleiner waren als heute.

Ausschlaggebend war bei den Gerichten nicht allein ihre Vielfalt, sondern auch die Bekömmlichkeit und Schönheit fürs Auge. Die heutzutage
eher ungewöhnlichen Gerichte wie Fisch mit Kohl, Käse mit in Honig
eingelegten Mandeln oder das äußerst beliebte Manscho Blancko, Man-
delmuß mit Hühnerbrühe, hängen mit der Elementenlehre zusammen.
Sie dienten der Gesundheitsvorsorge und hatten die Aufgabe, die richtigen
Säfte anzuregen.

»Zur gedächtnus aufgezeichnet« oder die Frage: Woher wissen wir über die Feste?

Gab es überhaupt etwas über ein Fest zu vermerken? Die Berichte sind
unterschiedlich ergiebig. Die Gründe, weshalb die Fugger bewußt etwas
aufzeichnen ließen, waren mannigfaltig. Sie mögen zum Teil in einem
neuen Standesbewußsein liegen, wurde doch auch eine chronikalische
Darstellung der Familiengeschichte angeregt. So lag es nahe, gleichfalls
rauschende Feste in Schrift und Bild festzuhalten, zumal die schriftliche
oder bildliche Darstellung von festlichen Ereignissen im 16. Jahrhundert
große Mode war. Nützlich waren die Aufzeichnungen obendrein, seien es
die Korrespondenz, Teilnehmerlisten, die Speisefolgen oder Kosten. Für

22 *Augsburger Geschlechtertanz. Ölgemälde von Abraham Schelhas.
    Detail mit Anton II. Fugger und anderen Mitgliedern des Hauses Fugger.
    Städtische Kunstsammlungen Augsburg*

ein nächstes Mal war man gerüstet. Vielfach sind es freilich Zufälle, die über eine Nachricht entscheiden.

Als Beispiel seien einige Quellen erwähnt, die uns heute Auskunft über Feste geben. Vorzugsweise waren es handschriftliche Hochzeitslibelle und Memoriale über Trauerfeierlichkeiten, zudem die Korrespondenz und Rechnungsbücher. Gedruckt wurden, wenn auch selten, Hochzeitsgedichte oder Musikstücke. An bildlichen Zeugnissen sind bis heute noch einige Darstellungen von Aufzügen und Turnieren, nebst Porträts erhalten. Der Erinnerung dienten schließlich auch Schaumünzen.

Eine willkommene Bereicherung von einem gänzlich anderen Charakter bilden die Berichte in den Augsburger Chroniken. Zumeist hielten sie allerdings nur das ganz Ungewöhnliche fest. Ungewöhnlich waren die Feste sicherlich, denn kaum eine andere Familie der Stadt fand soviel Beachtung in den Aufzeichnungen. Natürlich aber auch deswegen, weil im ausgehenden 16. Jahrhundert viele Augsburger Firmen fallierten, zudem die Hinwendung zum Protestantismus eine nüchternere Lebensführung bedingte.

Zum Schluß soll nochmals der anonyme Hochzeitsbericht von 1591 zu Wort kommen: »Also hat dieses hochzeitsfest und fasnacht spiehl ein ende genohmen, deres sich mancher handwerker erfreuet und seine nahrung davon haben könnten, dann ein großer kosten von viel 1000 fl. darauf gangen, darbey dann auch ein jeder sein pfenning wert gewesen [...] und bleibt dieses zur gedächtnus aufgezeichnet.«[25]

[25] FA 1. 2. 28.

23 *Veit Konrad Schwarz im geliehenen Kostüm des Hans Fugger.*
    Fastnacht 1561. Kostümbiographie des Veit Konrad Schwarz.
    Herzog Anton Ulrich-Museum Braunschweig

Anton Fugger: Kaufmann und Bauherr. Mäzen und Stifter[*]

Von Franz Karg

Der Florentiner Ludovico Guicciardini schrieb im Jahr 1561 über Kaufleute in Antwerpen: »Die allerreichsten und namhaftesten unter diesen Kaufleuten allen, die zu Antwerpen Geschäften nachgehen, sind die Fugger, deutscher Nation von Augsburg, deren löbliches Haus Herr Antonius das Haupt zwar ein Fürst allern anderen Kaufleute ist, welcher, als er jüngst in seinem Vaterland mit Tod abgegangen, inhalt seines Testaments über sechs Millionen Kronen in Gold verlassen, ohne viel anderer großer Habe mehr, welche durch solches lobliches Geschlecht innerhalb siebzig Jahren mit Kaufmannsgewerbe gewonnen wurde. Deswegen sie auch in hohem Grad an Land, Leute und Herrschaften gelangt und nicht allein in Deutschland sondern auch in vielen anderen Orten in Europa und bis in die neue Welt bekannt.«[1]

Prägnanter läßt sich die Erfolgsgeschichte der Fugger von der Wende zur Neuzeit bis zur Mitte des 16. Jahrhunderts nicht zusammenfassen. Mit Jakob Fugger dem Reichen (1459–1525) hatte die fuggersche Firma ihren ersten Höhepunkt errungen. Durch Verknüpfung von Edelmetall-, Waren- und Finanzierungsgeschäften war es ihm gelungen, zum führenden Kaufmann und Bankier seiner Zeit aufzusteigen. Sein Neffe und Nachfolger Anton Fugger (1493–1560) konnte unter geänderten Rahmenbedingungen die Bedeutung der fuggerischen Firma wahren.

---

[*] Vortrag am 15. Juni im Maximiliansmuseum.
[1] Zitiert nach Götz Frhr. von Pölnitz und Hermann Kellenbenz, Anton Fugger, Bd. 3/2, Tübingen 1986, S. 442 f. (Studien zur Fuggergeschichte 29). Kellenbenz würdigt in diesem Band (S. 301–446) Persönlichkeit und Werk Anton Fuggers nach thematischen Gesichtspunkten, abweichend von der streng chronologischen Darstellung des Gesamtwerks (von Pölnitz, Anton Fugger, Bde. 1–3/1, Tübingen 1958–1971, Studien zur Fuggergeschichte 13, 17, 20, 22). – Der Vortrag stützt sich auf meinen Beitrag Die Fugger im 16. und 17. Jahrhundert, in: »lauten schlagen lernen und ieben«. Die Fugger und die Musik, hg. von Renate Eikelmann, Augsburg 1993, S. 99–110.

Mit dem Wirken dieser beiden Fugger verbindet sich das »Zeitalter der Fugger«.[2] Danach bestand die Firma jedoch noch hundert Jahre fort und stellte ihre Tätigkeit erst nach dem Dreißigjährigen Krieg ein. Zugleich änderte sich in wenigen Generationen die fuggersche Familie: aus Kaufleuten wurden im 17. Jahrhundert Adelige, die wichtige Positionen in Kirche und Reich einnahmen.

Wer war nun dieser Anton Fugger, dessen 500. Geburtstag im Sommer 1993 festlich mit der Eröffnung einer Ausstellung in Augsburg begangen wurde? Welche Leistung vollbrachte er, daß ihn Zeitgenossen »Fürst der Kaufleute« nannten? Verdient er es, gleichberechtigt neben Jakob Fugger dem Reichen genannt zu werden?[3] An ausgesuchten Beispielen soll das Wirken Anton Fuggers in den Bereichen Handel, Besitzungen und Stiftungen vorgestellt werden.

I. Kaufmann

Als Anton Fugger, der jüngste Sohn von Jakobs Bruder Georg († 1506), zur Jahreswende 1525/26 die Leitung der Firma übernahm, war er 32 Jahre alt. Sein Oheim Jakob hatte ihn kurz zuvor testamentarisch zum alleinigen Nachfolger bestimmt. Vorausgegangen war eine harte Ausbildung, die Anton in den Faktoreien Breslau, Nürnberg, Rom und Schwaz durchlaufen hatte. Der neue »Regierer und Schaffierer« war weit mehr den Wechselspielen der Politik unterworfen als sein Vorgänger.

Grundlagen

Die Finanzkraft der Fuggerschen Firma gründete auf den seit 1494 geschlossenen »Gesellschaftsverträgen«: Diese zwangen die männlichen Familienmitglieder zu einer geregelten Einlage ihrer Anteile und sicherten mehr und mehr dem »Schaffierer« die alleinige Führung des Unternehmens, das als offene Handelsgesellschaft organisiert war. Solche Gesellschaftsverträge wurden meist auf sechs Jahre abgeschlossen.

Freilich reichten die Eigenmittel der Familie nicht aus, um das ständig steigende Geschäftsvolumen abzudecken. Bereits unter Jakob Fugger wurden in wachsendem Maße Fremdmittel eingesetzt, hier in großem Stil

---

[2] So der gleichnamige Titel einer Studie von Richard Ehrenberg, 2 Bde, Jena, [3]1922.

[3] Vgl. Götz Frhr. von Pölnitz, Jakob Fugger, 2 Bde., Tübingen 1949–1951, zuletzt Hermann Kellenbenz, Jakob der Reiche, Handelsherr, 1459–1525, in: Lebensbilder aus dem Bayerischen Schwaben 10, hg. von Adolf Layer, Weißenhorn 1973, S. 35–76.

eine heimliche, stille Einlage des Brixener Kardinals Meckau. Anton Fugger arbeitete vielfach mit geliehenem Geld, das auf dem Kapitalmarkt, den Messen, gegen Zinsen aufgenommen werden mußte. Daneben gab es die bewährte Form der gemeinsamen Finanzierung, z. B. einer Anleihe des Kaisers. Häufig taten sich die Fugger mit ihren Konkurrenten, den Welsern, zusammen. Bestes Beispiel hierfür war die Kaiserwahl von 1519.

Zusammenarbeit mit den Habsburgern

Blicken wir nochmals auf Jakob Fugger zurück: Seine geschäftlichen Interessen lagen in Tirol, Kärnten und in Oberungarn. Durch Kredite an die Landesherren, besonders dem Tiroler, war ihm eine monopolartige Nutzung der jeweiligen Kupfer- und Silbervorkommen möglich. Erst die Verbindung mit den Habsburgern machte Jakob Fugger zum führenden Kaufmann seiner Zeit.

War der Oheim wirtschaftlich eng mit der Politik Maximilians I. verflochten, so wurde Anton Fugger zeitweise zum wichtigsten Bankier Karls V. Dessen politische und militärische Unternehmungen, namentlich gegen den französischen König und die Türken, finanzierte Fugger. Darüber hinaus retteten Fuggers Darlehen den Kaiser in der Auseinandersetzung mit den protestantischen Fürsten in Deutschland (1546–1552).

Im Gegensatz zu Jakobs bekanntester Aktion, der Kaiserwahl Karls von Spanien, blieb die Finanzierung der Wahl seines Bruders Ferdinand I. durch Anton Fugger zum deutschen König 1531 eher unbekannt. Immerhin ging es um über eine Million Gulden. Im übrigen war die Verbindung zum Kaiser beiden Kaufleuten Schutz in der heftig geführten Monopoldebatte.

Neue Welt

Die Aktivitäten Anton Fuggers beschränkten sich jedoch nicht nur auf Europa, die alte Welt: Neben den Welsern bot sich den Fuggern als einzigen nichtspanischen Firmen die Möglichkeit, in der Neuen Welt zu kolonisieren. Den Welsern war 1528 Venezuela übertragen worden, die Fugger sollten nach einem Vertrag von 1531 die Erschließung der südamerikanischen Westküste durchführen: Es handelte sich um das heutige Südperu, ganz Chile bis hinunter zum Feuerland. Allerdings wurde der Vertrag nicht vollzogen, wohl aus Vorsicht Anton Fuggers, wurden doch wenige Jahre später alle Nichtspanier aus den Kolonien gedrängt.

Es ging nicht nur um Kolonisation. Wichtig war von Anfang an der

Warenhandel mit der Neuen Welt über die iberische Halbinsel. Schon Jakob Fugger hatte um 1500 versucht, mit Hilfe der Welser in Lissabon Fuß zu fassen. Sein Interesse fand der Gewürzhandel, den er aber dann nicht weiter verfolgte, und besonders der Absatz von Kupfer über Portugal nach Afrika und Indien. Anton wollte über spanische Häfen Erz und Textilien in die westliche Neue Welt absetzen. So konnten Messingteile nach Benin (Westafrika) geliefert werden. Außerdem war Barchent aus Weißenhorn ein Exportschlager (fustán del Fucar). Zusehends spielte das Quecksilber aus den Gruben im spanischen Almadén eine immer größere Rolle bei der Silbergewinnung in Amerika, da es für das neuentwickelte Amalgamierungsverfahren benötigt wurde. Diese Gruben in Almadén waren wichtiger Bestandteil der Güter der spanischen Ritterorden, die erstmals für 1525–1527 Jakob Fugger gepachtet hatte. Nur so war es möglich, die ausstehenden Gelder der Kaiserwahl von 1519 wieder zurückzuerhalten. Damit hatte die Westorientierung des Fuggerschen Handels begonnen. Unter Anton wuchs ihre Bedeutung. Lag in den 30er und 40er Jahren der Anteil am spanischen Handel bei etwa einem Drittel, so kam er 1563 auf zwei Drittel. Hermann Kellenbenz formulierte es so: das spanische Geschäft entwickelte sich zur Falle.[4]

»Stillschweigen stehet wohl an«, mit dieser Devise führte Anton Fugger überaus erfolgreich eine weltweit operierende Firma, die Bergbau von Ungarn bis Spanien betrieb, Anleihen an Könige und Fürsten gewährte. Das Silber aus der Neuen Welt, das als Sicherheit der spanischen Krone diente, wurde vorteilhaft in Europa vermünzt und vertrieben. Daneben handelte die Firma mit Luxusgütern, exportierte Messingwaren im Auftrag der portugiesischen Krone bis nach Afrika, Textilien über die Faktorei Sevilla in die Neue Welt.

Abbau von Aktivitäten und Schwerpunktverlagerung

Nicht Voraussicht wie beim amerikanischen Projekt sondern Vorsicht veranlaßte Anton Fugger zu strategischen Entscheidungen: Teile der Firma wurden aufgegeben.

1527 schloß er nach der Plünderung Roms durch deutsche Landsknechte, dem Sacco di Roma, die Vertretung in Rom, die schon seit dem ausgehenden 15. Jahrhundert Bargeldüberweisungen vor allem aus Ost- und Nordeuropa gewährleistet und zeitweise die päpstliche Münze

---

[4] Hermann Kellenbenz, Die Fugger in Spanien und Portugal, 2 Bde., München 1990 (Studien zur Fuggergeschichte 32–33).

gepachtet hatte. 1548 erneuerte er wegen der Türkengefahr den Pachtvertrag über die Bergwerke des ungarischen Handels in der Slowakei nicht mehr. Selbst das erfolgreiche Barchentgeschäft in Weißenhorn gab er 1555 wegen des übermächtigen Druckes der Ulmer Konkurrenz auf, die zudem von König Ferdinand I. unterstützt wurde.

Im Unterschied zur Zeit eines Jakob Fugger war die Firma anders organisiert und hatte eine andere Ausrichtung der Geschäftstätigkeit. Durch die Ausweitung des Handels nach Westen und nach Süden[5] war die Firma schwerer zu steuern als zu Jakobs Zeiten. Die Außenstellen, allen voran Antwerpen, gewannen an Bedeutung. Der Waren- und Geldhandel mit Spanien und Übersee, aber auch mit der englischen Krone, wurde insbesondere über diese Faktorei abgewickelt. Probleme entstanden durch Faktoren, die sich nicht mehr der Zentrale unterordnen wollten, wie dies bei Mattäus Örtel der Fall war. Er hielt den Verlockungen der Verhandlungspartner nicht stand und gewährte trotz gegenteiliger Anweisung der Zentrale noch Darlehen in Höhe von 400000 Dukaten. Dies rief bei Anton Fugger heftigste Reaktion hervor: »der Teufel dank euch diese Faktorei«.[6]

Nachfolgefrage

Wie reagierte Anton Fugger, als in den fünfziger Jahren des 16. Jahrhunderts die Bedeutung der Fuggerschen Finanzgeschäfte zurück ging? Als die Konkurrenz der Genueser, Florentiner und baskischen Bankiers zunahm? Als die hohe Verschuldung der spanischen Krone besorgniserregend wuchs? Als in Spanien ein immer größerer Teil des Kapitals gebunden war und sich mit dem Regierungsantritt Philipps II. die Gefahr eines Staatsbankrottes verstärkte?

Zum einen investierte Anton Fugger verstärkt Mittel in den Grunderwerb, um sich Kreditwünschen der Krone leichter entziehen zu können. Zum anderen beabsichtigte er schon 1550, den Handel rechtzeitig zu liquidieren; so bestimmte es sein Testament. Freilich gelang ihm dieses Vorhaben wegen der Zeitläufte und der Verknüpfung seiner Geschäfte mit der Politik nicht.

Seine letzten Jahre überschattete die Frage, wer sein Nachfolger in der Leitung des Handels werden sollte. Für eine Übernahme waren seine eige-

---

[5] In Neapel wurde eine Faktorei eingerichtet, die vor allem Renteneinkünfte Ferdinand I. einzubringen hatte. Vgl. Hermann Kellenbenz, Sebastian Kurz, in: Lebensbilder aus dem Bayerischen Schwaben 13, hg. von Josef Bellot, Weißenhorn 1986, S. 34–60, S. 38–40 mit der Beschreibung einer Visitationsreise.
[6] Pölnitz, Anton Fugger (wie Anm. 1), Bd. 3/2, S. 129.

nen Söhne noch zu jung, die Neffen schienen am Geschäft uninteressiert oder weniger befähigt zu sein. Beredtes Zeugnis gibt das Testament von 1560.[7] Hans Jakob Fugger, der älteste Sohn seines Bruders Raymund gab an, genug mit seinen eigenen Angelegenheiten belastet zu sein. Georg Fugger wehrte ab, er »vermöge die arbeit nit«. Schließlich Christoph Fugger: »hat mirs in summa gar abgeschlagen«. Nun, am Ende seines Lebens, verfügte Anton Fugger, den Handel noch sechs Jahre weiter zu führen, unter der Leitung seines eigenen Sohnes Marx (1529–1597) und von Hans Jakob Fugger (1516–1575).

Wie entwickelte sich nun die Firma nach dem Tod Anton Fuggers († 14.9.1560)? Die bisherige, alte Firma bestand als »Marx Fugger und Gebrüder« fort. Ihr Schwerpunkt lag in Tirol und vor allem in Spanien. Alleiniger Leiter der Restfirma war Marx Fugger, dem es gelang, die kritische Phase Anfang der sechziger Jahre zu überwinden und die Firma mit Gewinn zu führen. Sie konnte sogar die Auslösung der Vettern von der Raymundlinie verkraften, die um 1575 ihre Anteile aus der alten Firma nahmen und eine neue gründeten.[8]

Eine Generation nach Anton Fugger dachten seine eigenen Söhne keineswegs an eine Auflösung des Handels. Vielmehr sollte die Firma nach der Vorstellung von Marx Fugger mindestens 15 Jahre über einen Vertrag von 1591 hinaus fortgeführt werden, und selbst dann wollte er nicht zu einer Aufteilung raten. Die Fuggersche Handelsfirma erlosch nach dem Dreißigjährigen Krieg, ohne Konkurs, anders als die Welser 1614. Sie stellte ihre Tätigkeit ein, die spanischen Außenstände in Millionenhöhe freilich waren endgültig verloren.

---

[7] Maria Gräfin von Preysing, Die Fuggertestamente des 16. Jahrhunderts. II. Edition der Testamente, Weißenhorn 1992, S. 147–157, 2. Kodizill vom 11.7.1560, hier S. 152. (Studien zur Fuggergeschichte 34).
[8] Vgl. Reinhard Hildebrandt, Die »Georg Fuggerischen Erben«. Kaufmännische Tätigkeit und sozialer Statur 1555–1600, Berlin 1966 (Schriften zur Wirtschafts- und Sozialgeschichte 6) und Georg Lutz, Marx Fugger (1529–1597) und die Annales Ecclesiastici des Baronius. Eine Verdeutschung aus dem Augsburg der Gegenreformation, in: Baronio Storico e la Controriforma, Sora 1982, S. 421–545.

II. Bauherr

Anton Fugger tritt übermächtig als Handelsherr in Erscheinung. Auf seine Bedeutung als Bauherr wurde bisher zu wenig hingewiesen. Da sie entsprechenden Grundbesitz voraussetzt, soll in einem knappen Überblick die Entwicklung des Fuggerschen Grundbesitzes skizziert werden.[9]

Innerhalb von drei Generationen, zwischen 1500 und 1600, entstand in Schwaben ein neuer Herrschaftskomplex, die fuggerschen Besitzungen. Die Fugger hatten bereits in der zweiten Hälfte des 15. Jahrhunderts Mittel aus dem Handel zur Sicherheit in Grundbesitz, vor allem in Höfe angelegt, wie es bei Kaufleuten damals üblich war. Der Erwerb von Herrschaften war den Fuggern erst infolge der Geschäftsverbindungen mit den Habsburgern möglich. Jakob Fugger kam als Finanzier Maximilians I. an Besitzungen, die dem Kaiser als Provision aus dem Bayerischen Erbfolgekrieg zugefallen waren und die dieser als Pfand an Fugger weitergab. Der Kaufmann und Bürger von Augsburg wurde 1507 zum Inhaber der Grafschaft Kirchberg und der Herrschaft Weißenhorn, was zu großem Widerstand des eingesessenen alten Adels führte. Fugger mußte sich um eine Standeserhöhung bemühen, die zur Verleihung des Adels- und schließlich des Grafentitels führte, der aber nur lehensrechtlich wirksam war.[10] Adelstitel führten Fugger erst später: Freiherr Fugger von Kirchberg und zu Weißenhorn nannten sie sich nach 1570, Graf Fugger von Kirchberg und zu Weißenhorn erst ab 1620/29. Jakob und Anton Fugger waren in ihrem Selbstverständnis »Bürger von Augsburg«.

Erwerbungen Anton Fuggers

Seine Vertragspartner gehörten in erster Linie dem einheimischen Adel an. In Verbindung zur Krone stand lediglich der Erwerb der Reichspflege Donauwörth und von Pfandbesitz im Elsaß.

Nach dem Tod Jakob des Reichen hatte sich um den Grundbesitz Antons Bruder Raymund (1489–1535) gekümmert, da er nicht an der Leitung des Handels beteiligt war. Anton trat erst nach Raymunds Tod aktiv als Käufer und Grundherr auf. In den dreißiger Jahren erfolgte der Ankauf

---

[9] Vgl. die Zusammenfassung bei Pölnitz/Kellenbenz, Anton Fugger (wie Anm. 1), Bd. 3/2, S. 348–356.

[10] Im Detail Gerhart Nebinger, Die Standesverhältnisse des Hauses Fugger (von der Lilie) im 15. und 16. Jahrhundert, in: Blätter des Bayerischen Landesvereins für Familienkunde, 49. Jg. 1986, Bd. 15, S. 261–276: S. 265–268.

von Babenhausen mit Brandenburg an der Iller, Glött und der Reichspflege Donauwörth; der zweite große Kauf erbrachte Anfang der fünfziger Jahre die Hirnheimschen Besitzungen Kirchheim, Duttenstein, Niederalfingen (bei Aalen) und Stettenfels (bei Heilbronn). Dazu kam seit 1546 noch umfangreicher Pfandbesitz im Elsaß (Pfirt, Thann). In der Slowakei war zum Schutz des Handels vor den Türken Bibersburg von den Thurzo erworben und stark befestigt worden.[11] Fugger wollte überschüssige Mittel aus dem Handel abziehen und sicher in Grund und Boden anlegen, und sie darüber hinaus weiteren Kreditwünschen der Krone entziehen.

Ein wichtiges Jahr, nicht nur beim Herrschaftsbesitz, war 1548: Im November kam es zur Gütertrennung zwischen Anton Fugger und seinen Neffen (Raymundlinie), dies bedeutete jedoch keine Trennung beim Handel oder bei der Verwaltung der gemeinsamen Stiftungen. Zugleich wurden die Güter zu Fideikommißgut erklärt. Demnach durfte der Besitz nur an männliche Nachkommen vererbt werden, die Töchter waren nach einem Privileg Karls V. mit einer angemessenen Ausstattung und einem Heiratsgut auszusteuern.[12]

Allerdings kamen einige Projekte nicht zustande. Gute Chancen zu einem weiteren sozialen Aufstieg boten sich Anton Fugger gerade in der Krise des Schmalkaldischen Krieges (1546). Damals war sein wirtschaftliches Überleben besonders eng mit Karl V. verknüpft. Selbst der Erwerb von Teilen der Pfalzgrafschaft Neuburg lag greifbar nahe. 1548/49 gab es Verhandlungen mit Herzog Alba, dem kaiserlichen Heerführer, über den Besitz des Pfalzgrafen Ottheinrich. Dies hätte bedeutet, daß die Nachbarstädte Dillingens, Höchstädt, Lauingen und Gundelfingen, fuggerisch geworden wären. Damit wäre ein nahezu geschlossener Besitzkomplex entlang der Donau von den Fuggerschen Erwerbungen Oberndorf am Lech und Reichspflege Donauwörth bis zum vorderösterreichischen Günzburg entstanden. Eine ähnliche Chance bestand bereits 1530, als die Markgrafschaft Burgau als Pfand fast an die Fugger gefallen wäre. Damit hätte Anton Fugger nach dem Vorbild der Medici ein geschlossenes Territorium in Schwaben schaffen können.[13]

Der entscheidende Beitrag Anton Fuggers lag in der Bestandssicherung. Deshalb gebot er seinen Söhnen in seinem Testament keinen Besitz zu veräußern. Vielmehr sollten sie gemeinsam die Herrschaften verwalten und nutzen und frühestens 1574 eine Teilung vornehmen. Dies geschah

---

[11] Guter Überblick bei Norbert Lieb, Die Fugger und die Kunst. Im Zeitalter der hohen Renaissance, München 1958 (Studien zur Fuggergeschichte 14).

[12] Vgl. Edition des Privilegs bei Gräfin Preysing (wie Anm. 7), S. 272–276.

[13] Vgl. Götz Frhr. von Pölnitz, Die Fugger, Tübingen ³1970, S. 225 f. und 306.

dann im Januar 1575. Entsprechend den Güterkomplexen entstanden die Linien Nordendorf-Oberndorf (Marx Fugger), Kirchheim-Glött (Hans Fugger) und Babenhausen (Jakob Fugger).

Charakteristisch für die Fugger bleibt, daß sie an ihrem einmal erworbenen Besitz möglichst festhielten, drohende Verkäufe zu verhindern suchten. Dieser Gedanke trat seit Jakob Fugger in den Testamenten zu Tage und wurde durch die Fideikommißbestimmungen des Jahres 1548 verstärkt. Neben der großen Leistung von Jakob und Anton Fugger zur Schaffung eines riesigen Vermögens wiegt sicherlich genauso die Leistung der Fugger, »eine Umschichtung des Vermögens in agrare Werte« vollzogen zu haben.

Baumaßnahmen

Auffällig ist, daß regelmäßig nach dem Kauf einer Herrschaft sofort mit Renovierungen und Reparaturen an den Schloß- und Verwaltungsbauten begonnen wurde. Viel wahrscheinlicher war es, daß sogleich ein repräsentativer Neubau errichtet wurde. Unterschiede in den Baumaßnahmen zeigten sich zwischen Pfand- und Eigenbesitz. Wollte Anton Fugger bei einem Pfandbesitz umbauen oder bauen, mußte er vorher bei der Regierung in Innsbruck nachfragen, wieviel Gulden »verbaut werden durften«, d.h. ob die Bausumme auf die Pfandsumme angerechnet werden konnte. In der Regel versprachen sich die Habsburger, daß gerade die Fugger die Bausubstanz gut erhielten oder in einen guten Zustand brachten.[14] Häufig wurde sowohl von Jakob wie auch von Anton Fugger über die bewilligte Summe hinaus gebaut, auf eigene Rechnung. Denn es bestand die berechtigte Hoffnung, daß das Pfand doch nicht so schnell eingelöst werden würde. Schließlich kannte man die finanzielle Situation der Habsburger ziemlich genau.

Babenhausen

Im Jubiläumsjahr 1993 wurden im westlichen Quertrakt des Schlosses Säulen und Arkaden im toskanischen Renaissance-Stil freigelegt, die 1543 unter Anton Fugger errichtet worden waren. Ursprünglich handelte es sich um »eine offene Bauweise nach italienischer Art«. Freilich wurden

---

[14] Vgl. Pölnitz, Anton Fugger (wie Anm. 1), Bd. 1, S. 572 f., Anm. 107. – Beim Erwerb des Hohenkrähen im Hegau spielten die Bauaufwendungen eine große Rolle, vgl. Franz Karg, Singen und Hans Jakob Fugger, in: Singen, Bd. 2, hg. von Herbert Berner, Konstanz 1990, S. 192–197.

die Arkaden spätestens im 18. Jahrhundert geschlossen, da das Klima in Schwaben dafür wenig geeignet war.[15] Babenhausen weist im sogenannten Neuen Schloß auch eine Halle auf, die sich in anderen Bauten aus der Zeit Anton Fuggers findet: in Oberndorf, im Fuggerhaus in Augsburg.

Damit sind schon die anderen Objekte genannt. Babenhausen stand am Anfang, weil es sich zum Lieblingssitz Fuggers entwickelte. Dort ließ er (1548) für seine Familie und sich selbst eine Gruft errichten, in die er im September 1560 mit großem Gepränge von Augsburg überführt wurde.

Oberndorf bei Rain am Lech

Dieser Ort besitzt heute kein Schloß des 16. Jahrhunderts. Tatsächlich hatte Anton Fugger in den Jahren 1535–1546 einen völligen Neubau erstellen lassen. Die Fugger-Chronik von 1599 berichtet: Anton habe das Schloß »von grund auf von neuem erpauen lassen«.[16] Die Kosten waren enorm. Für die ganze Herrschaft erhielt 1533 der Marschalk von Oberndorf 21 000 Gulden. Für die Vierflügelanlage, die uns in einer Zeichnung von Jost Amman und einem Holzschnitt von Apian überliefert ist, gab Fugger in zwölf Jahren 75 000 Gulden aus. Dabei war das Schloß schon im Schmalkaldischen Krieg 1546, am Ende der Bauzeit, durch die Kriegsläufe sehr gefährdet. Bei den heute noch bestehenden Teilen handelt es sich um Ausbauten des einst östlich des Schlosses gelegenen Ökonomietraktes. Das Schloß selbst, das Apian »arx elegantissima«[17] nannte, wurde 1632 von den Schweden zerstört.

Reichspflege Donauwörth

In unmittelbarer Nähe von Oberndorf lag die Reichspflege Donauwörth, ebenfalls unter Anton Fugger erworben. Fährt man die »Reichsstraße« hoch, stößt man am Ende auf das heutige Landratsamt. Ursprünglich war dieses Gebäude das Verwaltungsgebäude der Reichspflege, von 1533 bis 1724 fuggerscher Pfandbesitz. Mit dem Bau am »Pfleghaus« wurde 1537 begonnen, erst in den vierziger Jahren war das zweiteilig angelegte Gebäude fertig: Der Hauptbau diente vorwiegend der Repräsentation, der

---

[15] Augsburger Allgemeine Zeitung, 28. 12. 1992. Der Konservator vom Landesamt schwärmte: »ganz lupenreine Renaissance, wie man sie sich schöner und vollendeter nicht vorstellen kann«.

[16] Chronik der Familie Fugger vom Jahre 1599, hg. von Christian Meyer, München 1902, S. 62.

[17] Lieb (wie Anm. 11), S. 221.

nördliche Teil Verwaltungszwecken. Im Gebäude hat sich noch viel von der Inneneinrichtung erhalten. Bereits Ende des letzten Jahrhunderts kam u. a. eine Decke in das jetzige Bayerische Nationalmuseum in München.[18] Von der prachtvollen Ausstattung schwärmte der Zeitgenosse Wolrad Graf von Waldeck: »In Donauwörth sahen wir Anton Fuggers Haus, das innerhalb der Stadtmauern liegt und von großem Reichtum zeugt. Es könnte ein Königssitz sein.«[19]

Andere Bauten

Auf andere große Bauten unter Anton Fugger soll nicht näher eingegangen werden: Das nördlich von Bratislava gelegene Schloß Bibersburg (Červený Kameň) in der Slowakei wurde nicht nur von Grund auf neu erbaut, sondern »dermaßen mit pasteyen und aller nottdurft so wol befestiget, daß es ainem gewalt wol widerstehen mag«.[20] Schließlich war die Gegend durch die Türken bedroht.

In Schwaben entstand ganz in der Nähe von Babenhausen das Spital Waltenhausen. Auch dort ist wie in Oberndorf heute nur noch wenig zu sehen, wurden doch nach 1823 die Spitalgebäuden bis auf Reste niedergelegt.

Wenden wir uns nun der Dillinger Gegend zu. Bei Schloß Glött, seit 1869 »Cretinenanstalt des Regens Wagner«, handelt es sich ebenfalls um einen Neubau, der von Anton Fugger in die Wege geleitet wurde. Baubeginn war 1550, nachdem schon zuvor andere Gebäude im Ort errichtet worden waren. Die Herrschaft Glött hatte Fugger 1537 gekauft.

In Glött bot sich das gleiche Bild. Die Handwerker und leitenden Meister kamen aus Augsburg oder Umgegend. Leiter war Quirin Knoll, der »Herren Fugger Werkmeister«; zudem in den Jahren 1539–1546 in Donauwörth, Glött, Babenhausen und Waltenhausen tätig. Daneben begegneten vereinzelt einheimische Handwerker. Genannt sei der Dillinger Maler Conrat Schiesser wegen seines Auftrages vom 30. Juni 1546, einer Kriegslist im Schmalkaldischen Krieg: er erhielt 44 Kreuzer »um etliche hessische Wappen«, so der Verwalter »um Fürsorge willen wie andere Nachbarn genommen«. Die Wappen sollten der Tarnung dienen

---

[18] Vgl. Lieb (wie Anm. 11), S. 238; das »Stübchen« befindet sich heute ebenfalls in diesem Museum.
[19] Lieb (wie Anm. 11), S. 226; Reisenotiz vom 23.4.1548.
[20] Meyer, Fuggerchronik (wie Anm. 16), S. 64.

und vor der Besetzung durch feindliche Truppen schützen, indem sie einen protestantischen Punkt vortäuschten.[21]

Dieses Kapitel schließt mit Augsburg: Unter Anton wurde der Komplex der Fuggerhäuser ausgeweitet, eine neue Schreibstube angelegt. 1580 schreibt Michel Montaigne in seinem Reisetagebuch: »Wir sahen zwei Säle in der Fugger Haus, der eine war groß, hoch und mit Marmor ausgelegt; der andere ist niedrig, reich an alten und modernen Medaillons und besitzt am Ende ein kleines Zimmer. Es sind die reichsten Zimmer, die ich je gesehen habe.«[22] Montaigne hatte das sogenannte »kaiserliche Palatium« in den Fuggerhäusern am Weinmarkt beschrieben, errichtet zwischen 1531 und 1536. Tatsächlich wohnte hier Karl V. während der Reichstage 1547/48 und 1552. Hier ließ er sich von Tizian porträtieren. Sandrart berichtet gut hundert Jahre später irrtümlich: »Er ware zur Zeit Kayser Carl des V. auch zu Augspurg, allda er viel schöne Werk und sonderlich bey den Graf Fuggern unterschiedliche gemahlt, worfür er dreitausend Cronen empfangen.«[23]

Anton Fugger setzte die Bautätigkeit eines Jakob und Raymund Fugger ausgeprägt fort. Neben den Fuggerhäusern waren es vor allem seine Erwerbungen aus den dreißiger Jahren, die großzügig mit Verwaltungs- und Schloßbauten ausgestaltet werden. Dabei fand vor allem Babenhausen seine besondere Liebe. Die Erwerbungen aus den fünfziger Jahren gestalteten erst seine Söhne nach der Güterteilung von 1575 aus.[24]

Diese Aktivitäten Antons dienten der Verbesserung des wirtschaftlichen Nutzens, der Repräsentation und ebenso der Befestigung gegen Kriegsnot. Bezeichnend der Rat, den der Kauf- und Grundherr Fugger 1530 von Hans Lamparter erhielt, als es um die Übernahme der Markgrafschaft Burgau ging: »Ihr müßt bauen; denn so sich etwas zutrüge, ... und nicht allein von Lust wegen, sondern auch zu der Wehr, damit ihr und das Eure stets vor einem Nachbarn und Anlauf versorgt seien. Vor gar großer Gewalt hilft es nicht.«[25]

[21] Vgl. im Detail Lieb (wie Anm. 11), S. 241 f.
[22] Tagebuch, zitiert nach Lieb (wie Anm. 11), S. 181.
[23] Joachim von Sandrart, Academie der Bau-, Bild- und Mahlerey Künste, von 1675, hg. von Arthur R. Peltzer, München 1925, S. 372; die Stelle bezieht sich bei Vasari auf Bordone, vgl. Anm. 1189, S. 413 und Lieb (wie Anm. 11), S. 303 und 470.
[24] Vgl. Klaus Merten, Die Landschlößer der Familie Fugger im 16. Jahrhundert, in: Welt im Umbruch, Bd. 3, Augsburg 1981, S. 66–81.
[25] Pölnitz, Anton Fugger (wie Anm. 1), Bd. 1, S. 535.

III. Stifter

Den interessierten Lesern oder gar Augsburgern die Fuggerei vorzuführen, wäre mehr als Eulen nach Athen zu tragen: sie ist ein Zeichen, daß fuggersche Stiftungen die Jahrhunderte überdauert haben. Welchen Anteil hat Anton Fugger daran?

Die Stiftungen der Fugger unterschieden sich im 15. Jahrhundert in keiner Weise von denen anderer Augsburger Familien: Dazu gehörten Seelgeräte (gute Werke zu Lebzeiten, um das Fegfeuer zu lindern), Zuschüsse zum Bau von Kirchen und Kapellen, der Ankauf von Kirchenstühlen.

Unter den Brüdern Ulrich, Georg und Jakob Fugger kam es nach italienischem Vorbild zur Errichtung des Sonderkontos »St. Ulrich«. Dadurch wurde der Augsburger Stadtpatron stiller Teilhaber der Firma. Von diesen 10 000 Gulden wurden in Augsburg drei Projekte finanziert. Die Fuggerei als bekannteste Stiftung war für arme, unverschuldet in Not geratene Augsburger Bürger bestimmt. Die Fuggerkapelle in St. Anna, ein früher Renaissancebau nördlich der Alpen, sollte als Begräbnisstätte für Jakob Fugger und seine Brüder dienen. Die Kanonikerstelle (Prädikatur) bei St. Moritz sollte nach dem Willen Jakob Fuggers eine bessere Predigt sicherstellen, als erster Inhaber war ursprünglich Johannes Eck vorgesehen. Alle Details dieser drei Einrichtungen regelte die große Stiftungsurkunde vom 21.8.1521, die abgefaßt wurde, als diese schon Jahre Bestand hatten.[26]

Wie sorgte Anton Fugger für den Fortbestand der Stiftungen? Er investierte weiterhin überschüssige Mittel aus dem Handel, zunehmend auch aus Nachlässen, in Stiftungen. Dabei erweiterte er die Fuggerei, stattete bestehende Einrichtungen finanziell besser aus (Holzhaus) und schuf neue (Schneidhaus), die sich zunächst im Umfeld der Fuggerei gruppierten und noch weiter unten zu besprechen sind.[27]

Mit der Neuordnung sämtlicher Stiftungen am 31. Juli 1548 wurden als oberste Leitung zwei »Senioren« eingesetzt, jeweils der Älteste der beiden bestehenden Linien, benannt nach Anton und dessen 1535 verstorbenem älteren Bruder Raymund. Hieraus ist letztlich das moderne Seniorat der Fugger hervorgegangen.

Der Kreis der Bedürftigen dehnte sich nun auch auf die eigenen Untertanen aus, waren doch bis dahin vor allem Augsburger Mitbürger in den

---

[26] Vgl. Hermann Kellenbenz und Maria Gräfin von Preysing, Jakob Fuggers Stiftungsbrief von 1521, in: Zeitschrift des Historischen Vereins für Schwaben 68 (1974), S. 95–116.

[27] Beschreibung bei Josef Weidenbacher, Die Fuggerei in Augsburg. Die erste deutsche Kleinhaus-Stiftung, Augsburg 1926, S. 60–67.

Genuß der Mittel gekommen. Dafür entstand in Waltenhausen aus dem Nachlaß des Hieronymus Fugger († 1538) ein Spital für 50 Pfründner, das ursprünglich für Augsburg geplant war. In Babenhausen errichtete Anton Fugger aus eigenen Mitteln eine Schulstiftung sowie eine Heiratsstiftung für arme Mädchen.

Ebenso gab es im Ausland Fuggersche Stiftungen: so wurde die Kirche St. Salvator in Almagro, dem Verwaltungsmittelpunkt der Maestrazgos, gerade in den fünfziger Jahren des 16. Jahrhunderts reich bedacht.

Blicken wir nochmals zurück auf das Spital in Waltenhausen. Auch deshalb war es bemerkenswert, weil erstmals verarmter Fuggerscher Familienmitglieder gedacht wurde. Hier sollten sie Zuflucht finden, ihre Kinder aus überschüssigen Mitteln unterstützt werden.

Des weiteren zählen zum Bestand der Fuggerschen Stiftungen Zustiftungen aus dem Kreis der Handelsdiener.[28] Die Krönung war in der nächsten Generation die Myliusstiftung. In Löwen wurde nach 1600 ein Kolleg für Studierende errichtet, das auch schwäbischen Studenten, aus Babenhausen und Umgebung, Unterkunft gewährte.

Waren die Stiftungen der Fugger ursprünglich aus der Gesinnung entstanden, durch ein gutes Werk zu Lebzeiten Vorsorge für das Jenseits zu treffen und ein Gedenken an den Verstorbenen zu bewahren, so reagierten sie vor allem im Bereich der medizinischen Stiftungen zunehmend auf Erfordernisse der Zeit: mit dem Blattern- oder Holzhaus auf die Ausbreitung der Syphilis, mit dem Schneidhaus entstand eine frühe chirurgische Einrichtung in Deutschland. Die Fürsorge galt zunächst Augsburger Mitbürgern, bis ab 1548 die Untertanen der Herrschaften einbezogen wurden.

IV. Mäzen

Das Bild von Anton Fugger wäre unvollständig, würdigte man nicht auch seine Rolle als Mäzen. Nicht nur während seines Aufenthaltes in Rom, sondern auch auf anderen Reisen und der Augsburger Umgegend ergaben sich weitgespannte Kontakte zu führenden Gelehrten seiner Zeit. Hervorragende Theologen wurden mit der Predigerstelle in St. Moritz versorgt. Gute Musiker, die z. T. eine Ausbildung in Italien erfuhren, versahen fuggersche Orgeldienste. Schließlich zog Anton Fugger für die Erziehung seiner eigenen Söhne Gelehrte heran.

---

[28] Unter Anton Fugger waren dies: der Faktor Veit Hörl bestimmte aus seinem Nachlaß Geld für das Holzhaus, gefolgt von Simon Scheibenhart, Chorherrn von St. Moritz, mit 2000 Gulden für Arme.

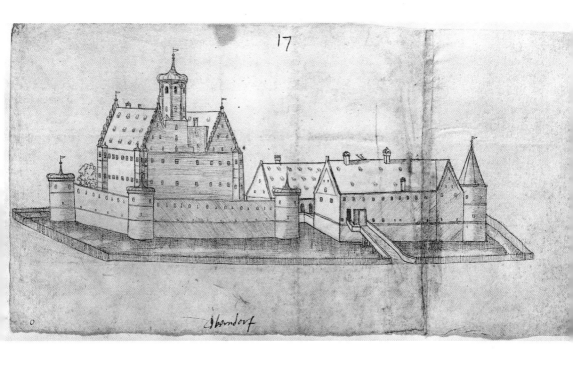

24   *Schloß Oberndorf am Lech. Zeichnung von Jost Amman.*
      Bayerische Staatsbibliothek München

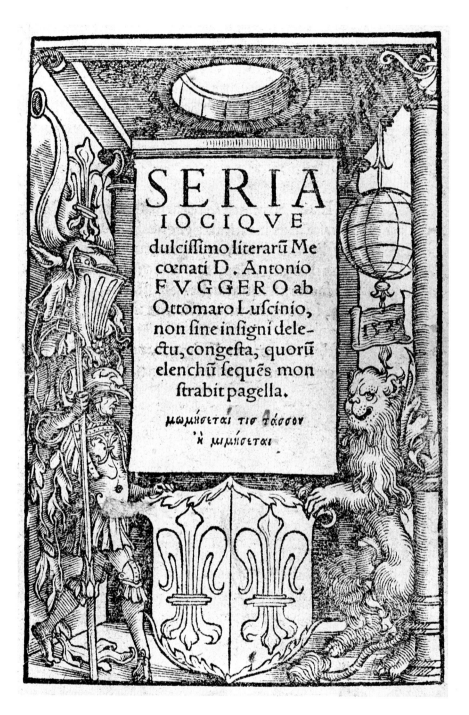

SERIA
IOCIQVE

dulciſſimo literarū Me
cœnati D . Antonio
FVGGERO ab
Ottomaro Luſcinio,
non ſine inſigni dele-
ctu, congeſta, quorū
elenchū ſequēs mon
ſtrabit pagella.

ΜΩΜΗΣΕΤΑΙ ΤΙΣ ΤΑΣΣΟΝ
ἤ ΜΙΜΗΣΕΤΑΙ

25 Othmar Luscinius, *Seria iocique dulcissimo literarum*,
    mit Widmung an Anton Fugger.
    Titelholzschnitt von Hans Burgkmair d. Ä., 1525.
    Staats- und Stadtbibliothek Augsburg
26 *Anna Rehlinger. Medaille (vergrößert) von Friedrich Hagenauer,*
    Augsburg 1527. Städtische Kunstsammlungen Augsburg

27   *Schloß Babenhausen. Ehemaliger offener Arkadengang am Westlichen Quertrakt. Bogenstellungen auf Rundsäulen und auf gequaderten Säulen, erbaut 1543 von Anton Fugger, im 18. Jahrhundert geschlossen. 1992 entdeckt, 1993 freigelegt*

Zudem fanden besonders Drucke des Basler Oporin Fugger als Geldgeber. Hervorgehoben sei der Druck von griechischen Handschriften, die Fuggers ehemaliger Faktor in Siebenbürgen und Ungarn Hans Dernschwam in seinem Auftrag aus Konstantinopel mitgebracht hatte. Dernschwam hatte sich auf eigene Kosten einer Gesandtschaft angeschlossen, die im Auftrag von König Ferdinand I. an den Sultan gerichtet war, und darüber ein ausführliches Reisetagebuch geführt.[29] Der Augsburger Bibliothekar Hieronymus Wolf übersetzte die 1554 abgeschriebenen Handschriften ins Lateinische, danach wurden sie bei Oporin in Basel gedruckt. Dies gilt als Beginn der Byzantinistik in Deutschland.

Freilich zog sich Anton Fugger je älter er wurde, und je mehr er sich im Gegensatz zu Protestanten sah, von Basel und seinem Kreis zurück. Gegen Ende seines Lebens förderte er die Jesuiten, die mit Petrus Canisius in Augsburg Fuß zu fassen suchten. Die Errichtung eines Kollegs in Augsburg gelang zu seinen Lebzeiten nicht mehr, erst 1582 konnten dieses Projekt die Neffen der Raymundlinie verwirklichen.[30]

Vergleicht man die Sammlertätigkeit Antons mit der seines Bruders Raymund, dessen Söhnen oder seinen eigenen, so war sie recht bescheiden. Fugger besaß sicherlich eine Bibliothek. Einzelne Bände finden sich in der seines Sohnes Marx, oder seines Neffen Hans Jakob. Was die Bibliothek genau enthielt, ließ sich bisher nicht rekonstruieren. Fugger war zu sehr in den Handel und die Tagesgeschäfte eingebunden, viel mehr, als dies offenbar bei seinem ältesten Sohn und Nachfolger Marx der Fall war. Dieser fand Zeit und Gelegenheit zu eigener humanistischer Arbeit, er übersetzte eine Kanonessammlung, schrieb ebenso einen Bestseller über die Pferdezucht.[31]

Einen neuen Akzent setzte Anton Fugger mit der Errichtung einer Lateinschule in Babenhausen. So versuchte er das ländliche Bildungsniveau zu heben. Diese Einrichtung und Stipendien, die ein Studium in Ingolstadt und später in Dillingen, oder sogar in Italien ermöglichten, verfolgten auch ein Nebenziel, nämlich die Heranbildung von Männern, die im Handel oder in der Verwaltung der Besitzungen eingesetzt werden konnten.

---

[29] Vgl. Franz Babinger, Hans Dernschwams Tagebuch einer Reise nach Konstantinopel und Kleinasien (1553/55), München 1923, Ndr. Berlin 1986 (Studien zur Fuggergeschichte 7); zur Bibliothek Anton Fuggers Paul Lehmann, Eine Geschichte der alten Fuggerbibliotheken, Bd. 1, Tübingen 1956, S. 10–40 (Studien zur Fuggergeschichte 12).

[30] Vgl. Katalog Die Jesuiten und ihre Schule St. Salvator in Augsburg 1582, hg. von Wolfram Baer, Augsburg 1982.

[31] Ausführlich Lutz (wie Anm. 8), S. 461–475.

Am bemerkenswertesten war sicherlich Fuggers Kontakt zu Erasmus
von Rotterdam, der 1529 begann. Damals lebte Erasmus in Basel. Mit großem Einsatz versuchte der Kaufherr, den Gelehrten zur Übersiedlung
nach Augsburg zu bewegen. Er wollte für den Unterhalt aufkommen,
lockte mit Geschenken. Doch der Umworbene zog dann letztlich Freiburg
vor.[32]

V. Würdigung

Anton Fugger ist neben Jakob Fugger das bedeutendste Mitglied dieser
Familie. Jakob brachte die Firma an die europäische Spitze. Anton
behauptete diese Rolle bis Mitte des 16. Jahrhunderts. Freilich war er viel
mehr den politischen Wechselspielen unterworfen als sein Vorgänger.
Sein Handeln mag nicht so kraftvoll erscheinen wie das von Jakob. Indes
lag es auch daran, daß Anton längere Zeit immer wieder von Krankheiten
geplagt war und die Herausforderungen an ihn größer waren.

Seine große Leistung war es, die Weichen für die Zukunft des »Fuggerschen Namens und Stammens« zu stellen. Zum einen sah er voraus, daß
der Handel nicht zu halten war. Seine Söhne haben sich freilich nicht an
seine Empfehlung gehalten, die Firma aufzulösen. Zum anderen veränderte er die wirtschaftlichen Grundlagen mit einem stark vergrößerten
Grund- und Herrschaftsbesitz. Damit wuchs die Familie in adelige
Lebensführung hinein. Schließlich bereitete er die kommende soziale
Rolle der Familie durch gezielte Heiraten seiner Söhne und Töchter mit
dem Adel vor. Auch die Ausbildung der kommenden Generationen orien-
tierte sich an adeligen Vorbildern. Folge war in der zweiten Hälfte des 16.
Jahrhunderts ein gesteigertes Repräsentationsverhalten und eine besondere Prachtentfaltung.

---

[32] Vgl. Pölnitz, Anton Fugger (wie Anm. 1), Bd. 3/2, S. 438 f.

Jubiläumsvortrag Anton Fugger[*]

Von Johannes Burkhardt

»Hochansehnliche Festversammlung« –
mit dieser oder einer ähnlichen Wendung pflegten die Festredner im 19.
Jahrhundert ihr Publikum anzusprechen, wenn der versammelten Titel
und Ehren so hohe und viele waren, daß deren Nennung die Redezeit all-
zusehr beschränkt hätte. Ein guter Brauch: Hochansehnliche Festversammlung also!

Die Wiederentdeckung der historischen Festkultur gehört zu den großen Renaissancen unserer Zeit: Im 19. Jahrhundert wurden nach kirchlichen Jubiläen, päpstlichen Jubelfeiern oder Reformationsjubiläen, und
staatlich-dynastischen Jubiläen auch große historische Ereignisse oder
Lebensdaten berühmter Persönlichkeiten jubiläumsfähig oder auf andere
Weise Gegenstand einer entwickelten historischen Denkmals- und Feier-
kultur. Gilt das auch für die Fuggergeschichte?

Mit einer Recherche ist begonnen worden; erste Spuren weisen zurück
bis ins 18. Jahrhundert und finden sich im Umkreis der Freskenbemalung
der Fuggerhäuser und der Denkmalsstiftung für Hans Jakob Fugger 1857,
zu der sogar noch der greise Dichter Ludwig Uhland anreiste, und über das
von der Augsburger Allgemeinen Zeitung sogar auf der Titelseite berichtet wurde.[1] Das lag freilich auch etwas an dem edlen Spender, König Ludwig I., denn – so heißt es –:

> »Er hat den wahren Ruhm zu ehren
> nach des Vergessens trüber Nacht
> und unserer Heimat Glanz zu mehren
> dies hehre Denkmal uns gebracht«.

---

[*] Jubiläumsvortrag am 9. Juni 1993 in der Leonhardskapelle des Senioratsgebäudes der Fuggerei.
[1] Augsburger Allgemeine Zeitung Nr. 259, vom 16. 9. 1857 (vgl. Abendzeitung vom Tage
und 8. 3.).

Um die Jahrhundertwende findet man dann das volle Festrepertoire der Zeit mit Fuggerlinde, Fuggermarsch, Festwiese und Festpostkarte, Theatervorführung und lebenden Bildern – aus familiären Anlässen, aber historisch gesättigt – in Babenhausen, wie auch in dem Ort, aus dem einst Hans Fugger in Augsburg einwanderte:

> »Stolz erschalle heut' das Wort:
> Das so kleine Dörflein Graben
> Ist der Fugger Heimat-Ort!
> Welche Freud', den Ruhm zu haben«.[2]

Neben dem Urfugger Hans und dem – allerhöchst protegierten – Hans Jakob aber sind natürlich Jakob und Anton Fugger die Hauptfestpersonen, wie sie schon als Gestalten der Fresken an den Fuggerhäusern und zuletzt 1959/60 im großen Geburtsjubiläum Jakobs und dem Todesgedenkjahr Antons vereint waren.

Das entspricht auch der historischen Realität. Denn wenn Jakob auch der bekannter gebliebene Fugger ist, so wäre doch die Fuggergeschichte ohne den anderen Fugger ein Torso. Ja, als Jakob Fugger am Jahresende 1525 starb, kinderlos und in einer seiner politisch-geschäftlichen Krisen, hätte leicht ein finanzielles Abenteuer als bloße Episode zu Ende gehen können, die dann nicht allzuviel Spuren in der Geschichte hinterlassen hätte. Jakob hatte Glück, er hatte in Anton einen Neffen, der vorzüglich ausgebildet war und in Venedig und Rom, in Nürnberg und Breslau, in Tirol und Augsburg für die Firma gearbeitet hatte. Fast im letzten Moment übertrug der Onkel die künftige Geschäftsleitung ihm und er behielt sie 35 Jahre lang. Götz Freiherr von Pölnitz hat Jakob in zwei Bänden behandelt, für Anton brauchten er und sein Fortsetzer Hermann Kellenbenz fünf starke Bände.[3] Das spiegelt die weit bessere Überlieferungslage im Fuggerarchiv, aber auch den Aktionsumfang Antons wider. Ohne Jakob ist die Fuggergeschichte undenkbar, aber erst unter Anton Fugger erreichte das begonnene Werk seinen Höhepunkt und seine Konsolidierung. Insgesamt könnte man fünf Punkte festhalten, in denen Anton Fugger besondere Verstetigungsleistungen in die Fuggergeschichte eingebracht hat.

---

[2] Faksimile von 1899, in: Festschrift zur Einweihung des Fuggerdenkmals an der Fuggerlinde: am 11. Juni 1989 in Graben, hg. von der Gemeinde Graben 1989, S. 21.

[3] Vgl. Götz Frhr. von Pölnitz, Jakob Fugger, 2 Bde., Tübingen 1949–1951 und Götz Frhr. von Pölnitz, Anton Fugger, Bd. 1–3/2, Tübingen 1958–1986 (Studien zur Fuggergeschichte 13, 17, 20, 22, 29).

I.

Die erste Verstetigungsleistung ist eine Art *Institutionalisierung der Finanzpolitik.* Nach Hermann Kellenbenz gab es im 16. Jahrhundert keinen Kaufmann, der so eng mit der *Politik* verflochten war wie Anton Fugger.[4] Dieses Wort wiegt schwer, zumal der Fuggerhistoriker ein bedeutender Wirtschaftshistoriker war, der sicher nicht die Politik einfach überschätzt hat, wie das manchmal die Allgemeinhistoriker tun. Liest man hingegen ein beliebiges historisches Handbuch, so wunderte sich unlängst eine Studentin in einer Seminararbeit ganz zurecht, dann findet man kaum je ein Wort darüber, daß die Politik des 16. Jahrhunderts vom Handelskapital abhängig gewesen sei. Die politischen Motive bleiben, wenn andere überhaupt erwähnt werden, hier stets die entscheidenden. Das verweist darauf, daß man den Zusammenhang von Politik und Finanz gleichsam auf zweierlei Weisen lesen kann.

»Kauf Dir einen Kaiser« lautet zugespitzt die eine, die gleichsam die Politiker zu Marionetten ihrer Kreditgeber erklärt.[5] In der historischen Ausnahmesituation von 1519 ist das nicht ganz unplausibel, wie kein geringerer als Jakob Fugger selbst bezeugte, wenn er rückblickend an den Kaiser diktierte: »Es ist auch wissentlich und liegt am Tag, daß Eure Majestät die Römische Krone ohne mich nicht hätte erlangen mögen« und darauf verwies, daß er auch die französische Kandidatur hätte fördern können.[6] Auch Anton Fugger pflegte einen sehr selbstbewußten und sehr selbständigen Umgangsstil mit dem Kaiser und den Habsburgern. Als zum Beispiel Karl V. erstmals in einem Fuggerhaus in Tirol übernachtete, war kein Familienmitglied zur Begrüßung entgegengereist; Pölnitz meint, das sei eigentlich ein Grenzfall zur Majestätsbeleidigung gewesen.[7] Auch Anton finanzierte Wahlen, so die auch nicht billige Königswahl Ferdinands von 1531, hielt sich Optionen offen oder vermied sie durch ein Doppelspiel mit den ungarischen Gegnern der Habsburger. Hat er die Unternehmungen der Habsburger in der Tradition der »Heiligen Kriege« gegen

---

[4] Hermann Kellenbenz, Anton Fugger, in: Lebensbilder aus dem Bayerischen Schwaben 11, hg. von Adolf Layer, Weißenhorn 1976, S. 46–124. Sep. Ndr. Weißenhorn 1993.

[5] Günter Ogger, Kauf dir einen Kaiser. Die Geschichte der Fugger, TB-Ausgabe München 1978. Ähnlich schon zuvor in einem satirischen Theaterstück, in dem eine Gesellschaftsversammlung der Fugger mit dem Tagesordnungspunkt »Lieferung eines neuen deutschen Kaisers« gespielt wird: Dieter Forte, Martin Luther und Thomas Münzer oder Die Einführung der Buchhaltung, Berlin 1971, S. 37.

[6] Jakob Fugger an Karl V., Frühjahr 1523, in: Max Jansen, Jakob Fugger der Reiche, Leipzig 1910, S. 250 (Studien zur Fugger-Geschichte 3).

[7] Pölnitz, Anton Fugger, Bd. 1 (wie Anm. 3), S. 191.

Osmanen und Barbaresken eifrig unterstützt oder sie mit den flankieren-
den Verhandlungen mit den Osmanen – das war fast noch eine christliche
Todsünde – konterkariert? Und hat er – um den heikelsten Fall zu nehmen
– des Kaisers Schmalkaldischen Krieg finanziert, um den Erfolg der katholischen Waffen gegen die evangelischen Reichsstände zu fördern? Oder
hat er umgekehrt die Kredite bewußt knapp gehalten, um den Krieg mit
Rücksicht auf den Landfrieden oder das im anderen Lager stehende Augsburg auszutrocknen? Man hat auch Anton Fugger – nicht zuletzt moti-
viert durch seine Devise »Stillschweigen steht wohl an«, die natürlich
erst recht neugierig machte – einiges an weltpolitischer Einflußnahme in
der Nachfolge seines angeblich kaiserkaufenden Onkels zugetraut und
unterstellt.

Die politisch Mächtigen aber, insbesondere ein Kaiser vom Selbstgefühl
eines Karls V., sahen das ganz anders. Karl V. hielt sich schlicht für den
Herrn der Welt – seine Hausideologen interpretierten das Kaisertum als
»dominium mundi« oder »monarchia universalis« –, und mit einigen
Abstrichen war er das ja auch.[8] Könnte man ihn nach seiner Maxime
gegenüber Fugger fragen, dann würde er Günter Ogger wohl auf den Kopf
stellen und antworten: »Nimm einen Kaufmann aus« oder: »Melke die
Kuh, so gut du kannst!« Anton Fugger bekam das zu spüren, auch im
Umgangsstil. War Fugger zahlungswillig, so behandelte der kaiserliche
Schuldner seinen Gläubiger jovial als seinen »guten Diener«, als ob er sein
Faktor wäre.[9] Zögerte er, so mußte er sich von des Kaisers Räten an die
»Gutheiten« erinnern lassen, die seine Familie schon den Habsburgern
verdanke.[10] Lehnte er ab, so weigerten sich die hochrangigen Verhandlungspartner einfach, dies als »Endantwort« zu nehmen. Die immer
neuen Finanzierungsforderungen der Habsburger und auch anderer
Könige und Fürsten für Wahlen, Krönungen und Kriege waren nicht leicht
abzuschlagen, zumal ja Anton Fugger auf den politischen Schutz des Kaisers angewiesen blieb, gegenüber der Antimonopolbewegung im Reich

[8] Vgl. dazu Quellenauszüge bei Johannes Burkhardt, Frühe Neuzeit, 16.–18. Jh. Grundkurs
Geschichte 3, TB Königstein 1985, Kap. 2, S. 53 f., Neuaufl. in Bearbeitung. Sowie Franz
Bosbach, Monarchia Universalis. Ein politischer Leitbegriff der frühen Neuzeit, Göttingen
1988. Zusammenfassend: Johannes Burkhardt, Der Dreißigjährige Krieg, TB Frankfurt/M.
1992, S. 33 f.
[9] Pölnitz, Anton Fugger, Bd. 1 (wie Anm. 3), S. 259.
[10] Pölnitz, Anton Fugger, Bd. 1 (wie Anm. 3), S. 279.
[11] Vgl. zuletzt Johannes Burkhardt, Die Entdeckung des Handels. Die kommerzielle Welt in
der Wissensordnung der Frühen Neuzeit, in: Wirtschaft in Wissenschaft und Literatur.
Drei Perspektiven aus historischer und literaturwissenschaftlicher Sicht. Augsburger
Universitätsreden 23, Augsburg 1993, S. 5–28.

zum Beispiel und für seine Stellung in Stadt und Region.[11] Die trotz glänzender Bilanzen ungewöhnlich hohen Außenstände durch Kredite waren nicht ganz freiwillig, rührten weder aus geschäftlicher Logik noch aus geheimnisvollen politischen Zielsetzungen, sondern aus einem Systemzwang der Zeit. Das Ganze ist aus dem besonderen Geldbedarf der noch im Aufbau befindlichen frühneuzeitlichen politischen Gewalten zu sehen.[12] Das Finanzierungssystem des werdenden frühneuzeitlichen Staates gründete auf der Steuerbewilligung durch die Stände, kam damit aber nicht aus und bedurfte der Kreditschöpfung durch kooperierende Finanzexperten. Anton Fugger steht hier auch in einer Entwicklungsreihe zu politischen Finanzierungskünstlern wie später Wallenstein, der dem Kaiser ein ganzes Heer vorfinanzierte oder den bedeutenden Hoffaktoren des 17. und 18. Jahrhunderts, die dem Aufschwung der deutschen Territorialstaaten entscheidende Impulse gaben.[13] Keiner davon tat das etwa selbstlos und hat nicht kräftig daran mitverdient, aber man muß sie aus ihrer funktionalen Position – ihrer inoffiziell dienenden Stellung – im politisch-administrativen System verstehen. So wird man auch bei Anton Fugger, wenn man die finanzpolitischen Verbindungen, Verhandlungen und Entscheidungen in den 35 Jahren verfolgt, vieles nicht aus geschäftlicher Vernunft begreifen können, sondern aus einer Grundloyalität als gleichsam halboffizieller Kaiserfaktor.

Umgekehrt ist es auch nicht sinnvoll, politische Nebenzwecke zu suchen. Die Herrscher mußten auch bei ihren Ständen ihre Geldforderung von Fall zu Fall begründen, aber nicht daß sie die richtige Politik verfolgten, sondern daß ein rechtmäßiger Bedarf bestand, und der anerkannteste Geldbedarf in der Zeit war ein Krieg, fast gleichgültig welcher. Das von Anton Fugger auch gebrauchte Wort, Geld sei der Nerv des Krieges, ist nur ein geflügeltes Wort der Zeit. Ganz ähnlich hat man sich das bei den Kreditforderungen des Kaisers vorzustellen, der bei seinem Bankier Geldbedarf anmeldete und nicht ihn um seinen politischen Rat bat.

Anton Fugger hat diese recht moderne Stellung als Kaiserfaktor nach einigen Anfangsschwierigkeiten angenommen und besser verstanden als sein Onkel, mit dem das kaum noch lange gut hätte gehen können. Die angebliche Schuldscheinverbrennung ist eine Legende, aber sie ist doch

---

[12] Vgl. etwa Wolfgang Reinhard, Das Wachstum der Staatsgewalt, in: Der Staat 31 (1992), S. 59–75 sowie Johannes Burkhardt, Frühe Neuzeit, in: Fischer-Lexikon Geschichte, hg. von Richard van Dülmen, Frankfurt/M. 1990, S. 364–385.

[13] Vgl. Heinrich Schnee, Die Hoffinanz und der moderne Staat. Geschichte und System der Hoffaktoren an deutschen Fürstenhöfen im Zeitalter des Absolutismus, 6 Tle., Berlin 1953–1967 und Burkhardt, Dreißigjähriger Krieg (wie Anm. 8), S. 178–197.

dafür charakteristisch, daß man sie ihm, nicht Jakob, überhaupt zutrauen konnte. Es ist eigentlich eine Wanderanekdote, die man auch anderen Kaufleuten angehängt hat, und die in ihrer ersten schriftlichen Fassung hundert Jahre später Anton sagen läßt, daß er das getan habe, damit der Kaiser sehe, daß er ihm »mit seiner ganzen Substanz begehre zu dienen«.[14] Daran war etwas. Wenn es trotzdem Irritationen und vor allem seit dem spanischen Staatsbankrott, doch auch Absetzbewegungen von den Habsburgern gab, dann liegt das daran, daß auch andere Kontinuitätselemente von Anton gepflegt wurden und ihnen im Konfliktfall Priorität eingeräumt werden konnte, vor allem natürlich das Wohl der Firma.

II.

Zweitens also hat Anton Fugger dem in seiner Schnelligkeit geradezu unheimlichen Erfolg seines Onkels *geschäftliche Stetigkeit* gegeben. Nach der berühmten Inventur von 1527 begann er als gut anderthalbfacher Guldenmillionär und verfügte in der Jahrhundertmitte über Vermögenswerte von etwa fünf Millionen, unter den damaligen Geldverhältnissen eine völlige Ausnahmesumme mit stabilen Gewinnraten. Charakteristisch etwa die zweite Bilanz von 1533 mit einer Summe von über zwei Millionen, also einem Gewinn von fast einer halben Million in sechs Jahren, und so rechnet sich das erstaunlich kontinuierlich weiter.

Sodann: Anton Fugger hat den Geschäftsbereich ausgeweitet und mit der nötigen Flexibilität der Handelsgeographie angepaßt. Der Schwerpunkt des Handelsraumes blieb im wesentlichen im habsburgischen Machtbereich, aber der war groß, wurde immer dichter erschlossen und je nach Geschäftslage bedient. Der kriselnde »Ungarische Handel« und slowakische Bergbau wurde saniert, dann aber zurückgefahren; in Tirol Umgruppierungen vorgenommen, hier blieb eine sichere Gewinnquelle. Der Silbermonopolvertrag war die Krönung.

Früh aber hat Anton Fugger einer Westverlagerung des wirtschaftlichen Schwerpunkts Europas Rechnung getragen. Dadurch und als habsburgischer »Faktor« hat Anton nun auch die Entdeckung Amerikas nicht länger ignoriert wie noch weitgehend Jakob. In der Neuen Welt waren die Fugger aber auch unter Anton eher episodische Mitläufer, trotz der vielberufenen Teilhabe am Sklavenhandel, am Geschäft mit dem Heilholz gegen die Syphilis und der abenteuerlichen Koloniepläne eifriger Ange-

---

[14] FA 44. 1, fol. 19. Vgl. Pölnitz, Anton Fugger, Bd. 2 (wie Anm. 3), S. 532.

30 *Anton Fugger bittet Kaiser Karl V. um Schonung der Stadt Augsburg
(sog. »Fußfall«), 1547. Lebendes Bild der Theatergesellschaft Babenhausen
anläßlich der Centenarfeier der Erhebung der Herrschaft Babenhausen zum
Reichsfürstentum 1903. Fuggerarchiv Dillingen*

Vorhergehende Seite
28 *»Anthonius Fugger erfleht von Kaiser Karl V. Schutz für seine Vaterstadt von
angedrohter schwerer Strafe wegen deren Beitritt zum Schmalkaldischen Bund,
1547«. Fuggerhäuser Augsburg, Fresko von Ferdinand Wagner, 1944 zerstört.
Postkarte um 1900, Verlag des Kaufhauses Kutscher & Gehr. Privatbesitz*
29 *Anton Fugger verbrennt Schuldscheine Karls V. Zeichnung, monogrammiert CP,
19. Jahrhundert. Fuggermuseum Babenhausen*

stellter, die zum Glück auf dem Papier blieben. Seit wir die Geschichte der
Dritten Welt mit anderen Augen sehen, können wir dankbar sein, daß sich
die Untaten der deutschen Geschichte wenigstens hier dank Erfolglosig-
keit in gewissen Grenzen hielten. Man sollte den Mann, der lange fast als
kolonialpolitischer Versager galt, nun heute nicht zum Kolonialisten
stempeln. Die von Hermann Kellenbenz so gründlich erhellte Maestraz-

gopacht, die reguläre wirtschaftliche Auswertung der von der spanischen Krone vergebenen ehemaligen Ordensgüter, hat ihn viel mehr interessiert.[15] Die Quecksilberausbeute führte hier die metallorientierte Geschäftspolitik ohne Bruch weiter. Selbst die alte Tradition des Textilhandels blieb bestehen und wurde im Umland noch ausgebaut, in diesem Fall in der schon von Jakob erworbenen und genutzten Herrschaft Weißenhorn, die das Sortiment um eine einträgliche Barchentfertigung bereicherte. Herrschaften dienten also zunächst nicht grund- und standespolitischen Zwecken, sondern auch geschäftlichen, und gerade die ländliche Textilinfrastruktur gehört, wie Rolf Kießling in unserer Region zeigt, zu den interessantesten Entdeckungen der neueren Wirtschaftsgeschichte.[16]

Das Ziel professioneller Stetigkeit zeigte sich im Ausbau des Faktoreisystems und in einer zukunftsweisenden Autonomie der Firmenorganisation. Besonders interessant ist ein Gesellschaftsvertrag der Fugger von 1532, der nicht nur für Todesfälle eine weitere Bindung des Kapitals an die Firma vorschrieb, sondern für den Fall des Todes von Anton zwei bewährte Angestellte zu Geschäftsführern ernennt, deren Entscheidungen die Familiengesellschafter respektieren sollen – eine institutionelle Verselbständigung der Firmenidee, die hier sogar der Familie übergeordnet scheint.[17] Das ist entwicklungsgeschichtlich für die zunehmende Abstrahierung wirtschaftlicher Vorgänge ein wichtiger Schritt. Das zeittypische Familienideal aber ist darum nicht aufgegeben und behält als der höhere Wert im Testament das letzte Wort, das den Erben die Auflösung der Handelsfirma empfahl, die gleichsam ihre Schuldigkeit getan hatte.

---

[15] Hermann Kellenbenz, Die Fuggersche Maestrazgopacht (1525–1542). Zur Geschichte der spanischen Ritterorden, Tübingen 1967. Hermann Kellenbenz, Die Fugger in Spanien und Portugal, 2 Bde., München 1990 (Studien zur Fuggergeschichte 18, 32, 33).

[16] Rolf Kießling, Die Stadt und ihr Land. Umlandpolitik, Bürgerbesitz und Wirtschaftsgefüge in Ostschwaben vom 14. bis ins 16. Jahrhundert (Städteforschung A 29), Köln-Wien 1989; Rolf Kießling, Stadt und Land im Textilgewerbe Ostschwabens vom 14. bis zur Mitte des 16. Jahrhunderts, in: Neidhart Bulst u. a. (Hg.), Bevölkerung, Wirtschaft und Gesellschaft. Stadt-Land-Beziehungen in Deutschland und Frankreich 14. bis 19. Jahrhundert, Trier 1983, S. 115–137; Rolf Kießling, Entwicklungstendenzen im schwäbischen Textilrevier während der Frühen Neuzeit, in: Joachim Jahn u. a. (Hg.), Gewerbe und Handel vor der Industrialisierung. Regionale und überregionale Verflechtungen im 17. und 18. Jahrhundert (Regio historica. Forschungen zur süddeutschen Regionalgeschichte Bd. 1), Sigmaringendorf 1991, S. 27–48; Rolf Kießling, Frühe Verlagsverträge im schwäbischen Textilrevier, in: Hubert Mordek (Hg.), Aus Archiven und Bibliotheken. Studien zum Recht und zur Kirchengeschichte des Mittelalters. Festschrift für R. Kottje zum 65. Geburtstag (Freiburger Beiträge zur mittelalterlichen Geschichte Bd. 3), Frankfurt a. M.–Bern–New York–Paris 1992, S. 443–458.

[17] Gesellschaftsvertrag vom 14. September 1532, in: Elmar Lutz (Hg.), Die rechtliche Stellung süddeutscher Handelsgesellschaften in der Zeit der Fugger, Bd. 2: Urkunden, Tübingen 1976 (Studien zur Fuggergeschichte 25), S. 84–103.

III.

Damit sind wir nach Kaiser und Geschäften bei Haus und Familie, dem
Sozialgebilde, dem in der Frühen Neuzeit noch weit größere Bedeutung
zukam als heute. Die *Stellung der Familie in der Stadt* ist der dritte Punkt,
der unter Anton zur Vollendung gelangte. Es war immer noch eine relativ
neue Familie. Aber Antons Mutter Regina Imhof kam schon aus einer
Familie der »Mehrer«, und die repräsentative Hochzeit mit seiner Frau
Anna Rehlinger aus altpatrizischen Kreisen wurde mit soviel bislang in
Augsburg nie gesehenem Aufwand gefeiert, daß man nach Meinung der
Fuggerchronik aus dem 16. Jahrhundert ein ganzes Buch alleine darüber
schreiben könnte. Auch der Chefbuchhalter Matthäus Schwarz machte
wie stets mit einem extravaganten Kostüm von sich reden, und zweifellos
gehörte das alles zur Aufstiegsstrategie in der Stadt. Erst unter Anton
erreichte das Geschlecht, in dessen Haus am Weinmarkt die Kaiser Residenz nahmen, die volle formelle Anerkennung als gute Familie Augsburgs.

Die Prachtentfaltung drohte aber auch schon die Zugehörigkeit zum
Stadtbürgertum zu sprengen, auch wenn vorsorglich die wohlgesinnten
Stadtchronisten betonten, wie »bürgerlich« einfach doch der Inhaber
einer Art Kaiserpfalz mitten in Augsburg geblieben sei. Dazu kam der konfessionelle Konflikt zwischen dem katholischen Haus und dem evangelischen Magistrat. Eine erste Konfliktsituation wurde schon in dem Fall
Langenmantel spürbar, dem aus der Art geschlagenen Sohn aus gutem
Hause, der als täuferischer Aufrührer auf einem Fuggergut ergriffen und
hingerichtet wurde. Der Vorgang ist selbst von wohlwollenden Biogra-
phen als eine Art moralischer Grenzfall behandelt worden, was allerdings
eine problematische nachgeborene Perspektive ist.[18] Denn die Hysterie
gegen die Täufer, die idealistische aber radikale Linke der Reformation,
einte alle religionspolitischen Richtungen von den altkirchlichen Kräften
um den Kaiser bis zu den etablierten Reformatoren in Wittenberg und
hatte die Rechtslage für sich. Gnadenakte und Strafmilderung hieß
damals meist nichts anderes, als glimpflichere Peinigung und ehrenvolle
Hinrichtung durch das Schwert statt durch Strick oder Feuer, wozu auch
Langenmantel als Standesperson begnadigt wurde. Jedes Todesurteil
erschreckt uns Nachlebende, aber dürften wir zufriedener sein, wenn man
nur die Kleinen verbrannt und den Großen hätte laufen lassen? Ein rechter
Reichsstädter von alter Familie aber hätte vielleicht doch eben dies aus

---

[18] Vgl. z.B. Pölnitz, Anton Fugger, Bd. 1 (wie Anm. 3), S. 126f.

städtisch-ständischer Solidarität getan, und hier gründen wohl die Irritationen bei Augsburger Zeitgenossen.

Aber selbst auf den Höhepunkten der Auseinandersetzungen im Zuge der kommenden Konfessionskonflikte gab es doch auch Kompromißbereitschaft auf beiden Seiten und »bürgerliche« Demonstrationen Antons, die sich in diesmal wahren, wenn auch stilisierten Anekdoten aussprechen. Dazu gehört die Nacht, die Bürger Anton in Haft in einem Stadtturm verbrachte, um nach einer konfessionellen Querele einer Gehorsamsprobe der Stadtobrigkeit zu genügen.[19] Bekanntlich war am Himmelfahrtstage 1533 ein Streit in der Patronatskirche St. Moritz zum Ausbruch gekommen, ob wie bisher und im Sinne Raymund und Anton Fuggers symbolisch eine Christusfigur emporgezogen werden sollte oder ob dies entsprechend dem Willen einer puristisch-reformatorischen Partei künftig unterbleiben sollte. Anton hat sich nicht genau an die Beschwichtigungsversuche des Magistrats gehalten, war aber sicher der Unschuldigste an den entstandenen Tumulten, und er hätte sich übrigens auf verbriefte kaiserliche Immunitäten berufen und der ständischen Gerichtsbarkeit entziehen können. Daß er es nicht tat, spiegelte oder demonstrierte doch betont reichsstädtische Haltung. Vor allem aber der authentische Fußfall, mit dem Anton nach dem für Augsburg verlorenen Schmalkaldischen Krieg 1547 den Kaiser mit Erfolg um Schonung für seine Vaterstadt bat, wurde zum Symbol des guten Bürgers. Zur Besiegelung schwieriger Verhandlungen über einen Finanzausgleich hat der Kreditgeber des Kaisers wie der Stadt sich in der Tat zu der Geste entschlossen, über die »ohne Vergießung der Zähren ... nicht zu schreiben ist«, wie der stadtnahe Chronist der Fuggerchronik meinte.[20] Im Rahmen der Etikette der Zeit und insbesondere des in dieser Zeit ausgebauten frühabsolutistischen burgundisch-spanischen Hofzeremoniells war das an sich gar kein so ungewöhnliches Verhalten gegenüber diesem Herrscher, aber auch die Nebenbedeutung einer Geste reichsstädtischen Patriotismus ist nicht gering zu schätzen. Dazu kommen die realen Bindungen an die Reichsstadt durch die Häuser am Weinmarkt, die im 16. Jahrhundert die heutige Maximilianstraße zur ersten Adresse des Reiches machten, und durch die neugeordnete und erweiterte Fuggerei. Anton der Bürger hat trotz aller Probleme, Irritationen und zeitweiliger Emigration nach Weißenhorn doch auch verbindende und verbindliche Kraft behalten.

---

[19] Pölnitz, Anton Fugger, Bd. 1 (wie Anm. 3), S. 264–383.
[20] Chronik der Familie Fugger vom Jahre 1599, hg. von Christian Meyer, München 1902, S. 61.

IV.

Am Ende – und damit komme ich zum vierten Punkt – aber ließ sich Anton Fugger doch nicht in Augsburg, sondern in Babenhausen begraben. Denn trotz aller bleibender Bindungen an die Reichsstadt wurde der Jubilar auch zum eigentlichen *Begründer des Adelsgeschlechts*. Sukzessive Standeserhöhungen bis in den Reichsgrafenstand und Belehnungen mit Gütern waren der Preis, den der verschuldete Kaiser zu zahlen hatte, Käufe und Schloßbauten kamen dazu.[21] In einer gewissen Arbeitsteilung scheint vor allem Bruder Raymund sich um diesen Bereich gekümmert zu haben; nach dessen frühem Tod aber hat Anton sich auch dieser Familienangelegenheit federführend angenommen. Anton und seine Generation heirateten noch die Töchter von Patriziern und Geschäftsfreunden, fast alle ihre Kinder aber Adelige.

Bei dieser Aristokratisierung der Familie spielte am Anfang sicher die Vermögenssicherung durch Investition in den Boden eine Rolle, dazwischen vielleicht das Vorbild der Medici beim Versuch des Aufbaus eines Fürstentums. Wenn auch die Standeserhöhungen durch ihre persönliche Form unterhalb der Schwelle geblieben sind, die zum Ausbau eines vollen deutschen Territorialstaates hätte führen können, so wurde daraus doch deutscher oder – wenn man so will – vorderösterreichischer Landadel in bester Form. Wenn das heutige Gesamtseniorat sich bis auf die Linien der Raymund-Anton-Generation zurückführt, wenn sich das maßgebliche deutsche Lexikon des 18. Jahrhunderts, der Zedler,[22] unter dem Stichwort Fugger nach knappem kaufmännischem Anfang wie ein Adelskalender liest und wenn das Jubiläum auch in Babenhausen und anderswo gefeiert wird, dann hat eben auch das mit Anton Fugger begonnen.

---

[21] Franz Karg, Die Fugger im 16. und 17. Jh., in: »lautenschlagen lernen und ieben«. Die Fugger und die Musik, hg. von Renate Eikelmann, Augsburg 1993, S. 101–103. Gerhart Nebinger, Die Standesverhältnisse des Hauses Fugger (von der Lilie) im 15. und 16. Jahrhundert, in: Blätter des Bayerischen Landesvereins für Familienkunde 49 (1986), Bd. 15, S. 261–276.

[22] Artikel Fugger, in: Johann Heinrich Zedler, Großes vollständiges Universallexicon aller Wissenschaften und Künste, 64 Bde., Halle, Leipzig 1732–1750, Bd. 9, Sp. 2280–2291.

[23] Fuggerorum et Fuggerarum Imagines, Augsburg 1618.

[24] Jacob Brucker, Abhandlung von den Verdiensten des Fuggerschen Hauses um die Gelahrtheit, Augsburg 1734, S. 8 (Stadt- und Staatsbibliothek Augsburg, 4° Aug 161).

[25] Heinz Friedrich Deininger, Zur Geschichte des fürstlich- und gräflich fuggerschen Familien- und Stiftungs-Archives zu Augsburg, in: Archivalische Zeitschrift 37 (1928), S. 162–183: S. 163.

[26] Vgl. Richard Wagner, Ferdinand Wagner 1819–1881. Ausstellung einer Auswahl seines graphischen Werkes vom 11. bis 16. Juli 1978 in seiner Geburtsstadt Schwabmünchen (maschinenschriftliche Vervielfältigung. Standort: UB Augsburg, 4° Aug 1810).

V.

Und irgendwo ist der Jubilar fünftens und letztens auch der Mann, der die Weichen für den *geschichtlichen Nachruhm* des Hauses und die Pflege seiner Tradition gestellt hat. Nicht nur durch die eindrucksvolle Fortsetzung einer Porträtserie der besten Künstler der Zeit, die zusammen mit den Jakobbildern den Ausgangspunkt der einzigartigen Bildnistradition einer Familie darstellen, wie sie in den Imagines Fuggerorum et Fuggerarum dann gleichsam zur ganzen Pinakothek systematisiert wurde.[23] Nicht nur durch die bewußtere und die gezieltere Förderung von Kunst und Wissenschaft, die in dieser Generation begann und gleichsam in einer weiteren Arbeitsteilung zwischen Anton, der mit Erasmus und anderen Humanisten korrespondierte, und seinem musisch orientierten Bruder Raymund eine kulturgeschichtliche Dimension fest an dieses Haus band. Von Antons »Gelahrsamkeit«, durch die er aus seiner Zeit und dem schwäbischen Adel hervorrage, wußte noch eine Abhandlung des 18. Jahrhunderts, die »Gelahrtheit« gleichsam zur Familientugend stilisierte.[24] Und auch nicht allein durch die auf seine Anweisungen und Einrichtungen zurückgehende methodische Sammlung von Familienurkunden und Handelsakten, die zum Ausgangspunkt des Fugger-Archivs geworden ist, ohne das die Dimensionen der heutigen Fuggerforschung gar nicht denkbar wäre.[25] Sondern am Ende auch als die Bezugsperson von Legenden, die – mehr oder weniger wahr im historisch-kritischen Sinne – auch das breite geschichtliche Interesse an seiner Person immer wieder geweckt hat. Den Fußfall hat einst Ferdinand Wagner an die Fuggerhäuser gemalt – Meisterwerke eines heute wieder hochgeschätzten Historismus, und solange sie zu sehen waren, war das Andenken des Mannes in der Stadt lebendig.[26] Auf einer Fuggerfeier in Babenhausen um die Jahrhundertwende mit lebenden Bildern hat man ihn nachgestellt unter den dramatisch bewegten Versen:

> »Zerstörung lauert an den Toren,
> Brandfackeln glimmen rings umher!
> Es hängt das Schreckenswort: »Verloren!«
> Schon ob der Stadt – gewitterschwer«.

Und am Ende läuten der Reichsstadt schon die Sterbeglocken:

> »Alt-Augsburg, deine Stunde naht«.

Aber gemach

> »Da kommt ein Mann, der unerschrocken,
> Sich rüstet zu der rechten Tat«,

denn es handelt sich ja um die Festvorstellung »Augsburgs Errettung«.[27]
Die Szene gehört zu einem Kranz von Legenden um den »Fürsten aller
Kaufleute«, der aus Achtung vor dem Recht sich einer Nacht im Gefäng-
nis nicht entzog, der nicht so geldgierig war, daß er nicht auch einmal auf
Außenstände verzichten konnte – die Schuldscheinverbrennung –, und
nicht so selbstsüchtig, daß er sich nicht auch einmal für das Gemeinwohl
engagieren konnte – eben der Fußfall. Das sind so unnötig gewordene
Dinge nicht und irgendwo enthält jeder historische Mythos in seiner
Weise auch ein Stück Wahrheit. Lassen Sie uns darum neben der histori-
schen Person Anton Fuggers am Ende auch der historischen Legende des
Jubilars mit Achtung gedenken.

---

[27] Zur Centenar-Feier des Hoch-Fürstlichen Fugger'schen Hauses am 26., 27. und 28. Sep-
tember 1903 in Babenhausen. Theatergesellschaft Babenhausen. Darin: H. Blecherer,
Augsburgs Errettung, 2. Bild: Anton Fugger bittet Kaiser Karl V. um Schonung der Stadt
Augsburg 1547. Prolog von Dora Stiehle. FA 1. 2. 241y.

DOKUMENTATION

Die Dokumentation wurde auf der Grundlage der Unterlagen im Fugger-Archiv erstellt.

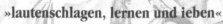

»lautenschlagen, lernen und ieben«

DIE FUGGER UND DIE MUSIK

Anton Fugger zum 500. Geburtstag

10. Juni bis 8. August 1993

Ausstellung in den historischen »Badstuben«
im Fuggerhaus, Maximilianstraße 36, Augsburg

Stadt Augsburg   Haus Fugger

Anläßlich des 500. Geburtstages von Anton Fugger (1493–1560) veranstalten die Städtischen Kunstsammlungen Augsburg in Zusammenarbeit mit dem Haus Fugger eine Ausstellung zum Thema

DIE FUGGER UND DIE MUSIK

Wertvolle Musikinstrumente, Musikalien, Gemälde, Graphik und Medaillen vom späten 15. Jahrhundert bis zum frühen 17. Jahrhundert dokumentieren die Musikkultur der Fuggerzeit.

Anton Fugger, Augsburg, um 1600, Privatbesitz

Unter Anton Fugger, einem Neffen von Jakob Fugger dem Reichen (1459–1525), erreichten die Fuggersche Handelsgesellschaft und das Haus Fugger den Höhepunkt an Weltgeltung. Das Mäzenatentum der Familie trug wesentlich zu der musikgeschichtlichen Bedeutung Augsburgs im 16. Jahrhundert bei. Die Fugger pflegten regen Austausch mit den berühmten Musikzentren in Europa, insbesondere mit dem kaiserlichen Hof. Sie förderten namhafte Komponisten und Musikerpersönlichkeiten, u.a. Giovanni Gabrieli, Orlando di Lasso, Hans Leo Hassler und Ludwig Senfl.

Vor allem die umfangreiche Musikalien- und Instrumentensammlung Raymund Fuggers d. J. (1528–1569) bezeugt das große Interesse an der Musik. Sein Musikalienschatz bildete später den Grundstock der Wiener kaiserlichen Bibliothek und damit einen wichtigen Bestandteil der heutigen Musiksammlung der Österreichischen Nationalbibliothek in Wien. Zwei eindrucksvolle Beispiele, das Raymund Fugger d. Ä. (1489–1535) gewidmete Liederbuch des niederländischen Hofkopisten Pierre Alamire und das Lautenbuch des Octavian Secundus Fugger (1546–1600), dokumentieren diese Fuggersche Sammlung.

Die Vielgestaltigkeit der Musikpflege in der Freien Reichsstadt läßt auch das Handwerk aufblühen. Im Notendruck und Instrumentenbau gewann Augsburg zunehmend an Bedeutung. Erhard Oeglins berühmtes Liederbuch in Metalltypendruck mit Holzschnitten von Hans Burgkmair (Bayerische Staatsbibliothek München) ist eine bahnbrechende Neuerung. Die Kunst des Instrumentenbaus wird in der Ausstellung durch eine attraktive Auswahl von Werken belegt.

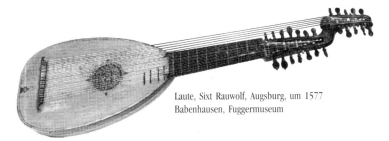

Laute, Sixt Rauwolf, Augsburg, um 1577
Babenhausen, Fuggermuseum

Die Laute war eines der beliebtesten Instrumente der Zeit; etwa 140 wertvolle Exemplare befanden sich in Raymund Fuggers Instrumentenkammer. Melchior Neusidler, einer der bedeutendsten Lautenisten seiner Zeit, hat uns das Teütsch Lautenbuch mit »Der Fuggerin Dantz« überliefert.

Zu den wichtigsten Orgelstiftungen der Fugger gehört das Instrument in der Fuggerkapelle bei St. Anna, dessen Flügel mit den Gemälden Jörg Breus d. Ä. sowie den entsprechenden Vorzeichnungen und Entwürfen einen Glanzpunkt in der Ausstellung darstellen.

»Badstuben« im Fuggerhaus

Als Ausstellungsort wurden die »Badstuben«, die ehemaligen Sammlungs- und Bibliotheksräume im Fuggerhaus, gewählt, die mit ihren kostbaren Wandmalereien und Stukkaturen aus dem 16. Jahrhundert die Exponate umrahmen. Anton Fuggers Sohn Hans (1531–1598) war der Erbauer dieses Stadtpalastes. In den Jahren 1569–1573 ließ er für die Ausgestaltung seiner Kabinette bedeutende Künstler aus Italien nach Augsburg kommen: den für den Gesamtentwurf verantwortlichen Friedrich Sustris und seine Mitarbeiter Alessandro Scalzi, Antonio Ponzano und Carlo di Cesari Pallago. Für die Dauer der Ausstellung kann nun das einzig erhaltene Zeugnis der Dekorationskunst Friedrich Sustris in Deutschland bewundert werden.

Rahmenprogramm

Konzerte im Damenhof des Fuggerhauses
Freitag, 25. 6. 1993:
ensemble für frühe musik augsburg
»von üppiklichen dingen« –
Musik aus Augsburgs Goldener Zeit

Samstag, 26. 6. 1993:
Musica Antiqua Ambergensis, Regensburg
»Musica Europaea« - Vokal- und Instrumentalmusik
der europäischen Renaissance

Sonntag, 27. 6. 1993:
Roland Götz, studio XVII augsburg
Orgel- und Cembalomusik der Fuggerzeit

Freitag, 2. 7. 1993:
Ensemble Sarband, München
»Eine musikalische Reise von Augsburg nach
Konstantinopel am Ende des 15. Jahrhunderts«

Samstag, 3. 7. 1993:
Augsburger Renaissance Vokalisten
A. Banchiere: Madrigalkomödie
»Barca di Venetia per Padova« (1607) –
eine musikalische Bootsfahrt

Sonntag, 4. 7. 1993:
Lautenhagen, München
Lautenmusik der Fuggerzeit

Freitag, 9. 7. 1993:
Musica et Saltatoria, Salzburg
»Balletti d'Amore« – Italienische Tänze in historischen
Kostümen

Samstag, 10. 7. 1993, Ev. St. Ulrich:
The Hilliard Ensemble, London
Geistliche Vokalmusik der Niederländer

Beginn jeweils 20 Uhr.
Ausweichspielstätte bei ungünstiger Witterung:
Kirche Ev. St. Ulrich, Ulrichsplatz 17
Karten DM 28,– ab 1. 6. 1993 bei:
Musikhaus Boehm & Sohn, Tel. 0821/50284–25
Verkehrsverein Augsburg, Tel. 0821/502070
Förderung der Konzertreihe durch großzügige Unterstützung
des Hauses Fugger und der FÜRST-FUGGER-BANK.

Begleitende Vorträge
Dienstag, 15. 6. 1993:
Franz Karg M.A.,
Fuggerarchiv Dillingen:
ANTON FUGGER – KAUFMANN UND BAUHERR –
MÄZEN UND STIFTER

Dienstag, 22. 6. 1993:
Dr. Gode Krämer,
Städtische Kunstsammlungen Augsburg:
HOLBEIN, DÜRER UND BREU PORTRÄTIEREN
JAKOB FUGGER

Dienstag, 29. 6. 1993:
Prof. Dr. Horst Leuchtmann,
Akademie der Wissenschaften München:
ZUR SOZIALEN STELLUNG EUROPÄISCHER RENAISSANCE-
MUSIKER AM BEISPIEL ORLANDO DI LASSOS

Dienstag, 6. 7. 1993:
Dr. Dana Koutná,
Dillingen:
»MIT AINER SOLLICHEN KOSTLICHKEIT
UND ALLERLEI KURTZWEYL...« FESTE UND FEIERN
DER FUGGER IM 16. JAHRHUNDERT

Dienstag, 13. 7. 1993:
Dr. habil. Konrad Küster,
Universität Freiburg:
DIE BEZIEHUNGEN DER FUGGER
ZUR MUSIK AN SAN MARCO UM 1590

Die Vorträge finden im Scheinhammersaal des Maximilianmuseums,
Philippine-Welser-Straße 24, statt. Beginn jeweils 19 Uhr.
An den Konzert- und Vortragsabenden ist die Ausstellung bis 19 Uhr
geöffnet.

Öffnungszeiten: Di – So 10–17 Uhr, montags geschlossen
Gruppenführungen nach Vereinbarung, Tel. 0821/324–2171
Weitere Informationen:
Städtische Kunstsammlungen Augsburg,
Maximilianstraße 46, 86150 Augsburg, Tel. 0821/324–2171

Zur Ausstellung erscheint ein umfangreicher Katalog
zum Preis von ca. 28,– DM

I. Zeittafel

1. Veranstaltungen in Augsburg

AUSSTELLUNGEN

3. Mai 1993, Goldener Saal des Augsburger Rathauses:
»Die Fugger in Augsburg und Schwaben«
Fotodokumentation des Augsburger Stadtarchivs im Unteren Flez des Rathauses
(4. Mai bis 28. September 1993)

9. Juni 1993, Leonhardskapelle der Fuggerei, Goldener Saal des Augsburger Rathauses:
»Die Fugger und die Musik«
Ausstellung der Städtischen Kunstsammlungen Augsburg und des Hauses Fugger in
den historischen »Badstuben« im Fuggerhaus
(10. Juni bis 8. August 1993)

RAHMENPROGRAMM

Begleitende Vorträge
Konzerte im Damenhof des Fuggerhauses

TAGUNGEN

Symposium des Instituts für Europäische Kulturgeschichte der Universität Augsburg
unter Leitung von Prof. Dr. Johannes Burkhardt
»Augsburger Handelshäuser im Wandel des historischen Urteils«
(22. bis 24. Juli 1993)

Studientag des Jakob-Fugger-Gymnasiums Augsburg
Leitung: Herr OStR Dorsch
»Die Fugger in ihrer Zeit«
(29. und 30. Juni 1993)

2. Veranstaltungen in Babenhausen

Sonntag, 11. Juli 1993

PFARRKIRCHE ST. ANDREAS
9 Uhr Pfarrgottesdienst zum Gedenken von Anton Fugger (1493–1560),
den Wohltäter Babenhausens und der Pfarrei.

Kirchenmusik:
Hans Leo Haßler, *Missa secunda*
(fuggerscher Organist und Hauskomponist [1546–1612])

Chor der Pfarrkirche St. Andreas
Leitung: Herbert Huber
Orgel: Willi Schneider

FESTAKT IM AHNENSAAL DES
FUGGERSCHLOSSES IN BABENHAUSEN

Begrüßung durch den Hausherrn
S. D. Hubertus Fürst Fugger-Babenhausen

Wo Gott nicht gibt zum Haus sein Gunst	Hans Leo Haßler 1564–1612
Vitae summa brevis spem nos vetat incohare longam	Friedrich H. Graf 1727–1795

Einführende Worte zur Anton Fugger-Ausstellung
S. E. Markus Graf Fugger-Babenhausen

Lasset erklingen Kein Lieb' ohn Leid Bringet der Maien viel	Augsburger Tabulatur

Der Festakt wird umrahmt von der Liedertafel Babenhausen
und Willi Schneider am Klavier.
Leitung: Fritz Fahrenschon

FUGGERMUSEUM BABENHAUSEN

Sonderausstellung »Anton Fugger«
erstellt von Markus Graf Fugger-Babenhausen
unter Mitwirkung des Fugger-Archivs Dillingen
(11. Juli bis 5. September 1993)

3. Veranstaltungen in Dillingen

Gemeinschaftsveranstaltungen des Historischen Vereins Dillingen
und der Volkshochschule Dillingen

EXKURSION
3. Juli 1993
»Auf den Spuren Anton Fuggers« (Fuggerfahrt II)
Besuch der Ausstellung »Die Fugger und die Musik«;
Führungen in Donauwörth, Oberndorf, Augsburg und Babenhausen.
Leitung: Franz Karg.

VORTRÄGE IM GROSSEN SAAL DES COLLEGS

25. Mai 1993
Franz Karg, Anton Fugger (1493–1560): Kaufmann und Bauherr, Mäzen und Stifter

25. November 1994
Dana Koutná, »Mit ainer sollichen kostlichkeit und allerley kurtzweil . . .«
Feste und Feiern der Fugger im 16. Jahrhundert.

PROGRAMM:

Begrüßung Dr. Peter Menacher
Oberbürgermeister

Grußwort Hans Zehetmair
Bayerischer Staatsminister für Unterricht,
Kultus, Wissenschaft und Kunst

Vortrag Prof. Dr. Johannes Burkhardt
Universität Augsburg

Handelsgeist oder Kunstinteresse?

Zum Verhältnis von Wirtschaft und Kultur
in der Fuggerstadt

Einführung in die Ausstellung
Dr. Wolfram Baer
Leiter des Stadtarchives Augsburg

Die musikalische Umrahmung gestaltet das
ensemble für frühe musik augsburg

Der Geburtstag von Anton Fugger jährt sich
heuer zum 500. Mal. Aus diesem Anlaß zeigt
die Stadt Augsburg die Fotodokumentation

**Die Fugger
in Augsburg und Schwaben**

Zur Eröffnung dieser Ausstellung, welche die
Zeit von der ersten Erwähnung der Fugger
in Augsburg (1367) bis zum Tode Anton
Fuggers (1560) widerspiegelt, lade ich Sie für

Montag, den 3. Mai 1993, um 17 Uhr

in den Goldenen Saal des
Augsburger Rathauses
und zur anschließenden Besichtigung der
Ausstellung in den Unteren Fletz
herzlich ein.

Augsburg, im März 1993

Peter Menacher

Dr. Peter Menacher
Oberbürgermeister

Der Vorsitzende des
Fürstl. und Gräfl. Fuggerschen Familienseniorates
ALBERT GRAF FUGGER VON GLÖTT

gibt sich die Ehre,

im Namen des Gesamtseniorates

zur 500-Jahrfeier des Geburtstages von
Anton Fugger (10. Juni 1493)
am Mittwoch, 9. Juni 1993 einzuladen.

U. A. w. g. bis 8. Mai 1993

9.00 Uhr   Festgottesdienst in der St. Markuskirche
der Fuggerei zu Augsburg,

Zelebrant: Monsignore Werner Schnell,

Missa „Laudate Dominum de coelis",

Confirma hoc Deus   Motette zu fünf Stimmen

Gustate et videte   Motette zu sechs Stimmen

von Orlando di Lasso (1532-1594)

Solisten des Kammerchores der
Augsburger Domsingknaben,

Bläserensemble des Domorchesters

Leitung: Domorganist Reinhard Kammler

10.15 Uhr   Festveranstaltung in der „Leonhardskapelle"
des Senioratsgebäudes der Fuggerei

Begrüßung: Albert Graf Fugger von Glött,
Senioratsvorsitzender

Vortrag:
Prof. Dr. Johannes Burkhardt,
Wissenschaftlicher Leiter des Fuggerarchivs
„Anton Fugger"

Anschließend Empfang
in den Räumen des Senioratsgebäudes

12.30 Uhr   Besuch der Ausstellung
„Lautenschlagen lernen und ieben"
Die Fugger und die Musik

in den „Badstuben" des Fuggerhauses
am Zeugplatz

Begrüßung:

Hubertus Fürst Fugger-Babenhausen

Musikalische Umrahmung:

Melchior Franck (1573-1639),
Intrada zu drei Stimmen;

Giovanni Domenico da Nola (ca. 1510-1592),
Madonna nui sapimo bon giocare.

Anonym (ca. 1530), Passamezzo antico;

ensemble für frühe musik augsburg
Sabine Lutzenberger,   Hans Ganser
Rainer Herpichböhm,   Heinz Schwamm

Die festliche Eröffnung der Ausstellung
erfolgt um 18.00 Uhr im Goldenen Saal des
Rathauses. Hierzu ergeht eine eigene
Einladung der Stadt Augsburg.

„lautenschlagen lernen und ieben"

Die Fugger und die Musik

Anton Fugger zum 500. Geburtstag

Ausstellung der Städtischen Kunstsammlungen Augsburg
und des Hauses Fugger

EINLADUNG

Begrüßung:
Dr. Ludwig Kotter
Bürgermeister

Festvortrag:
Augsburg in der Zeit Anton Fuggers
Dr. Björn R. Kommer
Leitender Museumsdirektor

Die musikalische Umrahmung gestaltet das Ambrosius Quintett,
ein Vokalensemble des Augsburger Domchors,
mit Werken von Orlando di Lasso, Hans Leo Haßler und Gregor Aichinger

Als Auftakt der Ausstellung laden wir Sie
am Mittwoch, dem 9. Juni 1993, 18.00 Uhr zu einer Feierstunde
in den Goldenen Saal des Rathauses
herzlich ein.

Augsburg, im April 1993

Dr. Peter Menacher
Oberbürgermeister

Albert Graf Fugger von Glött
Vorsitzender des Fürstl. und
Gräfl. Fuggerschen Familienseniorats

II. Berichte in Medien

1. *Presse*

a. Augsburger Allgemeine Zeitung (AZ)

Mittwoch, 1. April 1992, Nr. 77, S. 32:
Nur was Kleines zum Fuggerjahr. Rügen im Kulturausschuß (aba)

Samstag, 4. April 1992, Nr. 80, S. 44:
Eine Ehre für Anton? Die Ausstellung im Fuggerhaus 1993 ist in Frage gestellt (Angela Bachmair);
Kommentiert: Übertriebener Hang zur Bescheidenheit (Angela Bachmair)

Donnerstag, 16. April 1992, Nr. 90, S. 33:
Von Fugger bis zur MAN. Ausstellung weist auf Probleme mit Sponsoring hin (Angela Bachmair)

Freitag, 12. Februar 1993; »Der Stadtreport«, AZ Nr. 35, S. 3. Verlagsbeilage der Augsburger Allgemeinen:
Anton Fugger – Fürst der Kaufleute. In Krisenzeiten ein großes Erbe erfolgreich geführt (jdt);
Ausstellungen, Vorträge und Konzerte zum Fuggerjahr (jdt)

Dienstag, 4. Mai 1993, Nr. 101, S. 15:
Fugger, Augsburg, Schwaben. Fotodokumentation eröffnet das Festprogramm zum »Anton-Gedenkjahr« (Dr. E.)

Freitag, 28. Mai 1993, Nr. 121, S. 15:
Die Fugger – eher neu. Musik des 16. Jahrhunderts kommt in die Badstuben (Dr. E.)

Samstag, 5. Juni 1993, Nr. 127, S. 9:
Historisches Profil: Anton, der andere Fugger. Der vor 500 Jahren in Augsburg geborene Neffe und Nachfolger des reichen Jakob stieg zum »Fürsten der Kaufleute« auf (Johannes Burkhardt)

Mittwoch, 9. Juni 1993, Nr. 130, S. 9:
Vollkommene Illusion der Mäzene. Augsburg zeigt »Die Fugger und die Musik« als Jubiläumsausstellung in erlesenen Renaissance-Räumen (Dr. Elisabeth Emmerich)

Freitag, 11. Juni 1993, Nr. 131, S. 17:
Die Zeit der Fugger ist wieder lebendig. Augsburger Festlichkeiten in einer Jubiläumsrückschau über 500 Jahre hinweg (Hans Krebs)

Samstag, 12. Juni 1993, Nr. 132, S. 42:
Musik der Fuggerzeit. Eine achtteilige Konzertreihe

Donnerstag, 17. Juni 1993, Nr. 133, S. 9:
Bürgerlicher Schloßherr. Vortrag schildert Anton Fugger als Bauherrn und Mäzen (Alois Knoller)

Samstag, 19. Juni 1993, Nr. 138, S. 3:
Augsburgs verborgene Schönheit. Zur Fugger-Ausstellung sind die einmaligen »Bad-stuben« zu besichtigen (Elisabeth Emmerich);
S. 9: Musik für die Fugger – konserviert. Einige Schallplatten-Tips zur laufenden Ausstellung in den Badstuben (Rüdiger Heinze)

Donnerstag, 24. Juni 1993, Nr. 142, S. 23:
Die Fotografen Jakob Fuggers. Burgkmair, Holbein d. Ä., Breu (Dr. E.)

Mittwoch, 30 Juni 1993, Nr. 147, S. 39:
Doppeladler breitet seine Schwingen auf dem Tor aus. Fuggerhaus mit Tor und Damenhof fertig restauriert (Angela Bachmair)

Donnerstag, 1. Juli 1993, Nr. 148:
Aus dem prallen Leben. Die Reihe »Musik der Fuggerzeit« im Damenhof eröffnet (Ulrich Ostermeir);
Steuerfrei und züchtig. Vortrag zur sozialen Stellung von Musikern in der Fuggerzeit (teba)

Montag, 5. Juli 1993, Nr. 151, S. 21:
Lichtreise nach einer Schattentour. ›Ensemble Sarband‹ und ›Augsburger Renaissance-vokalisten‹ mit Musik der Fuggerzeit (Ulrich Ostermeir);
Musik der Fugger im Rundfunk. Eine fünfteilige Sendereihe (AZ)

Dienstag, 6. Juli 1993, Nr. 152, S. 18:
Augsburg-Album. Der Damenhof als Gartenidylle. Von den prächtigen Fresken ist heute kaum etwas geblieben (häu)

Donnerstag, 8. Juli 1993, Nr. 154, S. 25:
Allerlei kurzweyl. Wie die Fugger Feste feierten (aba);
Empfindsame Schöne. Das Ensemble Lautenhagen war zu Gast im Damenhof (cla)

Samstag, 10. Juli 1993, Nr. 156, S. 42:
Fugger und die Musik, diesmal in Venedig (AZ)

Montag, 12. Juli 1993, Nr. 157, S. 18:
Die reine Verzückung. Das »Hilliard Ensemble« beendete »Musik der Fuggerzeit« (Rüdiger Heinze);
Liebesspiel und Kräftemaß. Salzburger Ensemble tanzte »Balletti« der Renaissance (teba)

Samstag, 17. Juli 1993, Nr. 162, S. 11:
Sponsorentum um 1600. Der Abschluß-Vortrag zu »Die Fugger und die Musik« (rh.)

Mittwoch, 21. Juli 1993, Nr. 165, S. 17:
Augsburger Handelshäuser. Fugger-Symposium des Instituts für Kulturgeschichte (rich)

Samstag, 24. Juli 1993, Nr. 168, S. 43:
Aufgefallen. Badstuben-Run (Dr. Elisabeth Emmerich);
Angestellt bei Fugger & Co. Historiker Hildebrandt über Arbeitsverhältnisse (Dr. E.);
Namen und Neuigkeiten: Ein Buch über die Fugger in englischer Sprache

Montag, 13. September 1993:
Die Fugger als Musikmäzene. Ambrosius-Quintett begeisterte mit alter Vokalmusik
(ler)

Mittwoch, 24. November 1993 (Ausgabe: Donauzeitung Dillingen):
Wie die Fugger feierten (dms)

b. Andere Augsburger Organe

Augsburger Kulturnachrichten
Juni 1993, S. 15–16:
Kulturspiegel: »lautenschlagen lernen und ieben«. Die Fugger und die Musik. Anton
Fugger zum 500. Geburtstag (Mechthild Müller)

Augsburger Wochenanzeiger (AWZ)
Freitag, 4. Juni 1993, Jg. 28, Nr. 22, S. 1:
Musikalische Fugger. Ausstellung und Konzertreihe zum Fuggerjubiläum (na.)

Stadtzeitung
Mittwoch, 2. Juni 1993, 16. Jg., 22. KW, S. 9:
»Bürger von Augsburg« feiert heuer seinen 500. Geburtstag in Augsburg. (jüs)

Live. Das Stadtmagazin für Augsburg und Region
Juni 1993, 8. Jg., S. 36:
Ehrung im »Badezimmer« (Stefan Tiefenthaler)

Pressemappen
Presseinformation zur Ausstellung. Stadt Augsburg – Städtische Kunstsammlungen.
Presseinformation zum musikalischen Rahmenprogramm. Stadt Augsburg – Kultur-
amt.

c. Überregionale Presse

Inter City Express
April/Mai 1993: Bordprogramm, S. 5: Touristik. Jubiläum in Augsburg: 500 Jahre
Antoni Fugger

Neue Zürcher Zeitung
Samstag, 5. Juni 1993:
Zwischen Frühkapitalismus und Spätfeudalismus. Zum 500. Geburtstag Anton Fug-
gers (Hanno Helbling)

Bayerische Staatszeitung München
Freitag, 25. Juni 1993:
Fürst der Kaufleute, Bankier der Fürsten. Vor 500 Jahren wurde Anton Fugger in Augs-
burg geboren (Leonhard Lenk)

SCHWÄBISCHE DONAU-ZEITUNG
Samstag, 3. Juli 1993:
zugleich: HALLER TAGBLATT SCHWÄBISCH HALL (2. Juli):
Ein Erbe in politisch schwierigen Zeiten. Augsburg feiert den 500. Geburtstag Anton
Fuggers – An der Universität findet ein Symposium statt (Arthur Müller-Doldi)

BAYERISCHE STAATSZEITUNG MÜNCHEN
Freitag, 9. Juli 1993:
In politisch schwieriger Zeit das Erbe bewahrt, das soziale Engagement fortgeführt.
Augsburg feiert den 500. Geburtstag des weniger bekannten Anton Fugger mit Musik
im Stadtpalast und einer Fotodokumentation zu 200 Fugger-Jahren (wie 3. Juli)

SÜDDEUTSCHE ZEITUNG
Montag, 3. Mai 1993:
Geburtstagsfest in der Fuggerstadt. Augsburg gedenkt eines großen Sohnes. Zwei Aus-
stellungen (Andreas Roß)

Mittwoch, 14. Juli 1993:
Dekorationskunst vom Feinsten

Freitag, 6. August 1993:
Unterm Doppeladler [Wappen am Eingangstor der Fuggerhäuser]

MITTELBAYERISCHE ZEITUNG REGENSBURG
Samstag, 24. Juli 1993:
Vor 500 Jahren wurde Anton Fugger geboren: Kaiser Karls Bankier war der »König der
Kaufleute«. Augsburg gedenkt der weltberühmten Kaufmannsfamilie und ihrer Zeit
(Julika Hanekker)

HILDESHEIMER ALLGEMEINE
Montag, 26. Juli 1993:
Kassen und anderes klingelten. Ausstellung »Die Fugger und die Musik« in Augsburg
(Gerald Felber)

ALLGÄUER ZEITUNG KEMPTEN
Donnerstag, 28. Oktober 1993:
›Fürst der Kaufleute‹ in Babenhausen begraben. Museum im Schloß erinnert an Ära des
Anton Fugger (Helmut Kustermann)

BAYERISCHES KULTURMOSAIK
Heft 1 (1993), S. 13–14:
Die Fugger und die Musik. Eine Ausstellung in Augsburg vom 1. Juni bis 8. August 1993
(ga)

2. *Hörfunk*

a. BAYERISCHER RUNDFUNK MÜNCHEN

Donnerstag, 10. Juni 1993: BR 2, Land und Leute:
Kaufherr der Alten und Neuen Welt. Zum 500. Geburtstag Anton Fuggers. Ein Porträt von Franz Herre

Montag bis Freitag, 5.–9. Juli 1993: BR 4
Sendereihe »Die Fugger und die Musik«
5. 7.: Rundgang durch die Ausstellung.
6. 7.: Paul Hofhaimer und die Fugger-Kapelle in St. Anna.
7. 7.: Die Fugger und Venedig.
8. 7.: Augsburger Komponisten.
9. 7.: Die Fugger und Orlando di Lasso.

Dienstag und Mittwoch, 12.–13. Oktober 1993: BR 2
»Forum der Wissenschaft«, von Anton Kenntemich
12. 10. Fuggerzeit. Augsburg und seine Handelshäuser
13. 10. Europäische Kulturgeschichte in Augsburg

Freitag, 18. März 1994: BR 2
Reihe »Unbekanntes Bayern« (Wiederholung von 1960)
Götz Freiherr von Pölnitz, Das Fuggerschloß Kirchheim an der Mindel

b. RADIO KÖ AUGSBURG

Kurzbeiträge von Jörg Reitbacher-Stuttmann:
Festakt zum 500. Geburtstag Anton Fuggers; Eröffnung der Ausstellung »Die Fugger und die Musik«; Die Badstuben; Vortrag »Feste der Fugger« von Frau Dr. Koutná; Interview mit S. D. Hubertus Fürst Fugger-Babenhausen; Zur Ausstellung »Die Fugger und die Musik«; Ausstellungsfazit; Der Katalog zur Ausstellung; Augsburg-Geschichte: Das Ende Anton Fuggers.

3. *Fernsehen*

a. BAYERISCHES FERNSEHEN MÜNCHEN

Sonntag, 13. Juni 1993, 3. Programm:
Sendereihe »Aus Schwaben und Altbayern«
Bericht über die Ausstellung »Die Fugger und die Musik«

b. DEUTSCHE WELLE TV BERLIN

Dienstag, 26. Oktober 1993:
Live-Interview mit Prof. Dr. Johannes Burkhardt zum Thema »500jähriges Bestehen des Fugger-Geschlechtes« (!) im Rahmen der Sendung »Boulevard Deutschland«

Die Fugger, ein Film von Rhan Gunderlach
Mittwoch, 1. Dezember 1993: englischsprachige Fassung
Mittwoch, 5. Januar 1994: deutschsprachige Fassung

III. Publikationen im Festjahr

1. »lautenschlagen lernen und ieben«. Die Fugger und die Musik. Anton Fugger zum 500. Geburtstag, hg. von Renate *Eikelmann*, Augsburg 1993 (Katalog der Ausstellung: Städtische Kunstsammlungen Augsburg)

2. Franz *Herre*, The Age of the Fuggers, Augsburg 1993 (englischsprachige Ausgabe von: Die Fugger in ihrer Zeit, Augsburg 1985; übersetzt von Barbara Gräfin Waldstein-Wartenburg)

3. Hermann *Kellenbenz*, Anton Fugger 1493–1560, Weißenhorn 1993 (Sonderdruck mit neuerstelltem Register, aus: Lebensbilder aus dem Bayerischen Schwaben, hg. von Adolf Layer, Bd. 11 (1976), S. 46–124)

4. Augsburger Handelshäuser im Wandel des historischen Urteils, hg. von Johannes *Burkhardt* (im Druck)

5. Martha *Schad*, Bankier der Kaiser und Könige. Augsburg feiert den fünfhundertsten Geburtstag Anton Fuggers, in: Geschichte. Das Magazin für Kultur und Geschichte, Nr. 3 (Mai/Juni), 19. Jg. (1993), S. 30–34

6. Franz *Karg*, Anton Fugger 1493–1560. Fürst der Kaufleute, in: Ebbes. Zeitschrift für das bayerische Schwaben, Nr. 4 (Aug./Sept.), 15. Jg. (1993), S. 13–16

7. Medaille der *Fürst Fugger Bank* Augsburg
Jubiläumsprägung 500. Geburtstag Anton Fugger:
Avers: ANTON FUGGER 1493–1560.
Revers: ICH SÄE IM GRVNDE DURCH SPARSAMKEIT. A. F.

Orts- und Personenregister

Das Register umfaßt die Orts- und Personennamen des Vortragsteiles. Anmerkungen werden durch Schrägstrich nach der Seitenzahl gekennzeichnet, Abbildungen in halbfett. Herrschernamen stehen unter ihren Ländern bzw. unter Habsburg.

Gedruckt mit Unterstützung der
Schwäbischen Forschungsgemeinschaft und
der Fuggerschen Stiftungen